연봉 10억을 향하는

실리콘밸리 PM의 길

연봉 10억을 향하는

실리콘밸리 PM의 길

박상우
지음

한국인을 위한
실리콘밸리 커리어 전략

진짜 PM의 가치는 화려한 언변이 아니라
명확한 정의와 확실한 실행, 그리고 눈에 보이는 성공입니다.

바른북스

저자의 말

구글, 메타, 넷플릭스, 애플, 아마존, 마이크로소프트 같은 대형 테크 기업에서 한국인 PM을 자주 보기는 어렵습니다.

대부분은 엔지니어, 데이터 분석이나 데이터 과학, 영업 · 사업 개발, 그리고 재무 · 금융 분야에서 활동합니다. 하지만 PM, 특히 PM 리더십이나 임원 자리에서 한국인을 찾기는 쉽지 않습니다. 오히려 CEO나 창업자로 나서는 경우가 PM보다 더 많다고 느껴질 정도입니다.

이 사실은 늘 의문을 남깁니다. 왜 한국인 PM은 이렇게 드물까? 흔히들 "PM은 커뮤니케이션 능력이나 영어가 아주 유창해야 성공한다."라고 말합니다. 그래서 한국인 PM이 적다는 설명이 되기도 합니다. 그러나 엔지니어 · 비즈니스 · 마케팅 분야 역시 기본적인 커뮤니케이션 능력이 필수입니다. 그 정도만 되면 영어가 완벽하지 않아도 핵심을 분명히 전하고 실행으로 증명하시면 충분히 인정받으실 수 있습니다.

당연한 말이지만, 한국인이라고 해서, 혹은 특정 인종이라고 해서 무언가를 잘하거나 못한다는 일반화는 성립할 수 없습니다. 다만 저는 한국인 독자들에게 전하고 싶습니다. 미국에서 직접 경험한 제 이야기를 바탕으로, PM이라는 길은 누구에게나 열려 있다는 것, 그리고 그 길에서 성공하기 위해 무엇을 준비해야 하는지 전하고 싶습니다.

구글의 현 CEO 순다르 피차이 역시 PM으로 커리어를 시작했습니다. 물론 모든 사람이 그의 길을 똑같이 걸을 수는 없습니다. PM 출신이 아닌 CEO도 많습니다. 그러나 이 사례는 PM이라는 역할이 얼마나 전략적이고, 또 얼마나 큰 영향력을 가질 수 있는지 보여주는 좋은 예입니다.

2024~2025년 기준 공개 자료를 보면 북미의 제품 관리자(PM)는 회사 규모와 경력, 근무 지역에 따라 보상이 크게 다릅니다. 신입은 보통 2억 후반에서 4억 대 초반 수준이며, 경력 5~7년 차가 되면 5억 이상을 받는 경우도 많습니다. 경험이 쌓이고 책임이 커지면 6억 원에서 10억 원 이상을 넘는 사례도 드물지 않습니다. 이 책에서는 총 보상(기본급, 보너스, 주식)을 기준으로 범위와 전제 조건을 함께 설명드리겠습니다. 대형 테크 기업에서는 일반적으로 엔지니어보다 약간 낮거나 비슷한 수준이고, 영업이나 재무 직무보다는 높은 편입니다.

저는 현재 한 테크 회사에서 PM으로 일하고 있습니다. 수백 명의 PM이 있는 제 회사에서 한국인은 저를 포함해 단 두 명뿐입니다. 그래서인지 외부에서 많은 한국인들이 저에게 물었습니다.

"어떻게 하면 PM이 될 수 있나요?"

하지만 저 역시 처음부터 자신감이 있었던 것은 아닙니다. 오히려 정반대였습니다. 내가 정말 잘할 수 있을까 하는 두려움, 나만 자격이 없는 것 같은 불안감, 다른 사람들은 나보다 훨씬 똑똑해 보인다는 열등감에 시달렸습니다. 첫 미팅에서는 긴장한 나머지 말을 제대로 잇지 못했습니다. 목소리가 떨려 내가 무슨 말을 했는지조차 기억이 나지 않았습니다. 회의실을 나설 때는 얼굴이 화끈거렸고, 스스로에게 깊은 실망을 안겼습니다.

바로 그 경험이 이 책을 쓰게 된 이유입니다. 실리콘밸리에서 PM을 꿈꾸는 한국의 젊은이들은 많지만, 정작 그 길을 어떻게 걸어야 하는지 알려주는 책은 아직 없습니다. 이 책이 그 첫걸음이 되길 바랍니다. 독자들이 PM이 되기 위해 무엇을 준비해야 하는지, 그리고 실제 현장에서 어떤 방식으로 문제를 풀어야 하는지 구체적으로 알게 되기를 바랍니다.

다만 이 책은 저 혼자의 경험만으로 쓰이지 않았습니다. 실리콘밸리에서 직접 부딪히며 얻은 배움에 더해, 여러 한국인 PM 들과 나

눈 대화, 전문가들의 강연, 블로그와 영상 자료 속 통찰까지 함께 엮어냈습니다. 그래서 여기에 담긴 이야기는 제 개인의 기록이자, 동시에 많은 분들의 지혜가 더해진 결과물입니다. 그렇기에 독자 여러분께 더 넓은 공감과 설득력을 줄 수 있으리라 믿습니다.

저는 책 속에서 제가 직접 겪은 사례들을 중심으로, 미국 테크 기업의 문화 속에서 어떻게 적응하고 성장했는지, 그 과정에서 어떤 어려움과 배움을 얻었는지를 풀어가려 합니다. 독자 여러분이 이 이야기를 통해 용기를 얻고, 각자의 방식으로 길을 만들어 가시길 바랍니다. 실리콘밸리 PM의 길은 결코 특별한 사람들만의 길이 아닙니다. 꾸준히 도전하고 성과를 만들어 낸다면, 누구든 스스로 답을 증명할 수 있습니다.

마지막으로 제 배경을 솔직히 말씀드리고 싶습니다. 저는 초등학교 시절부터 부모님을 따라 해외에서 지냈고, 대학과 커리어도 미국에서 이어갔습니다. 그래서 한국 직장 문화를 깊이 체험했다고 말하긴 어렵습니다. 다만 실리콘밸리에서 직접 PM으로 일하며 부딪히고 배운 경험만큼은 누구보다 구체적으로 전할 수 있습니다. 이 책은 그 경험에 기반하되, 여러 한국인들과의 대화와 다양한 자료에서 얻은 통찰을 함께 담아냈습니다.

차례

Part 3. 문제의식과 출발

Part 4. PM의 시작과 변화

Part 5.
실전에서 살아남기

Part 6.
리더십으로 성장하기

Part 7.
커리어 확장과 성공

Part 8.
문제 예제들 + 풀이

Part 1.

PM으로 준비하기

PM이란 무엇인가

PM이라는 직무는 회사마다 기대하는 바가 다르지만, 그 본질은 결국 제품을 성공으로 이끄는 일입니다. 그리고 그 성공은 화려한 언어나 명칭이 아니라, 사용자의 만족과 회사의 성장으로 증명됩니다.

PM(Product Manager)은 흔히 '제품 매니저'로 번역되지만, 단순한 관리 역할을 넘어 제품의 방향과 결과를 책임지는 자리입니다. 제가 정의하는 PM의 역할은 세 가지로 요약할 수 있습니다.

- 제품을 정의한다.
- 조직 전체의 행동을 조율한다.
- 제품을 성공으로 이끈다.

이 세 가지가 동시에 충족되어야만 '진짜 PM 역할'을 하고 있다고 말할 수 있습니다.

PM에게 가장 중요한 역할은 결국 무엇을 만들 것인가를 결정하는 일입니다. 팀이 앞으로 어떤 제품을 만들어야 하고, 그 제품이 어떤 방향으로 나아가야 하는지를 선명하게 제시하지 못한다면, 직함이 PM이라고 해도 실제로는 그 역할을 하고 있다고 보기는 어렵습니다. 반대로 공식적인 타이틀이 없더라도 스스로 제품의 방향을 정의하고 끝까지 책임지는 사람이 있다면, 그 사람이야말로 진짜 PM이라 할 수 있습니다.

한국에서 PM을 준비하는 분들과 이야기를 나누다 보면 "영어가 부족해서 PM은 힘들다."는 고민을 자주 듣습니다. 그런데 제가 실리콘밸리에서 경험한 바로는, 제품을 정의하는 힘은 언어보다는 통찰과 판단에서 비롯됩니다. 고객이 어떤 상황에서 어려움을 겪는지, 시장이 어떤 흐름으로 움직이고 있는지, 그리고 그 안에서 팀이 어디에 에너지를 써야 하는지를 읽어내는 능력이 핵심이었습니다.

제가 만난 여러 한국 조직에서는 보고서나 문서가 길고 정교하게 만들어지는 경우가 많았습니다. 하지만 때로는 고객이 실제로 겪는 문제를 한 줄 가설로 요약하는 데는 시간이 오래 걸리곤 했습니다. 반면 실리콘밸리 팀 회의에서는 복잡한 배경 설명보다 "이번 분기에는 특정 고객군이 겪는 불편한 순간을 줄인다."와 같은 짧고 명확한 합의가 먼저 만들어졌습니다. 그 이후에야 세부 지표와 실행 계획을 덧붙여 나갔습니다.

이 두 방식 모두 장단점이 있지만, 결국 중요한 것은 언어가 얼마나 유창한가가 아니라 문제를 얼마나 정확하게 짚어내느냐였습니다. 언어가 완벽하지 않아도 본질을 날카롭게 드러낼 수 있다면 충분히 경쟁력이 있었습니다. 제가 경험한 한국인 PM 후보자들은 치밀한 분석력과 빠른 학습 속도에서 강점을 보여주었고, 이는 제품의 방향을 정의하는 데 아주 든든한 자산이 되었습니다.

물론 제품 정의만으로는 충분하지 않습니다. 정의된 비전이 실행으로 이어지려면 수많은 이해관계자의 협력이 필요합니다. 엔지니어, 디자이너, 마케터, 영업팀, 고객 지원팀, 모두가 각자 다른 목표와 우선순위를 가지고 움직입니다. PM은 이들을 하나로 엮어내는 오케스트라의 지휘자와 같습니다.

여기서 중요한 것은 단순히 일정을 맞추는 관리 능력이 아니라, 팀 전체가 같은 그림을 공유하고 같은 속도로 걸어가도록 만드는 힘입니다. 제가 한국 조직에서 경험한 바로는, 팀원들의 의견을 세심하게 조율하고 서로의 상황을 배려하는 문화가 강했습니다. 이런 분위기 덕분에 갈등이 커지지 않고 매끄럽게 협업이 이루어지는 장점이 있었습니다.

반면 실리콘밸리에서는 회의에서 적극적으로 자기 의견을 드러내는 장면을 훨씬 자주 볼 수 있었습니다. 의견을 조율하는 과정도 분명 존재하지만, 지나치게 조심스러우면 "왜 목소리를 내지 않는가." 라는 질문을 받을 때가 있었습니다. 저 역시 초기에 회의에서 너무 조율만 하다 보니, 동료들이 제가 무엇을 원하는지 잘 모르겠다는 반응을 보인 적이 있었습니다. 그때 배운 것은 "내가 옳다."를 고집하는 방식이 아니라, "당신은 어떻게 생각하나요?"라고 묻고 상대방이 스스로 아이디어를 내도록 유도하는 접근이었습니다. 그렇게 하면 대화가 상대방의 의견처럼 흘러가면서도, 동시에 제가 전달하고자 했던 방향이 자연스럽게 팀 안에 스며들었습니다.

이런 균형이 바로 한국인 PM에게 큰 기회가 될 수 있습니다. 본래 가진 조율 능력을 살리되, 필요할 때는 한발 더 나아가 존재감을 드러내는 법을 배우는 것. 그 사이에서 만들어지는 미묘한 균형이 실리콘밸리 환경에서는 강력한 경쟁력이 될 수 있습니다.

마지막으로 PM의 역할은 제품을 성공으로 이끄는 데 있습니다. 여기서 말하는 성공이란 단순한 '고객 만족'이나 '좋은 평판'에 머물지 않습니다. 사용자 수의 성장, 고객 만족도의 향상, 그리고 명확한 비즈니스 성과가 결합된 결과가 바로 성공입니다.

제가 PM으로 일하면서 깨달은 것은, '고객 문제를 해결한다.'라는 선의의 목표만으로는 부족하다는 점입니다. 회사가 수억, 수십억 원을 투자해 제품을 만드는 이유는 단 하나, 그 제품이 시장에서 이겨야 하기 때문입니다. 만약 고객 만족만을 목표로 삼는다면 방향이 흐려집니다. 그러나 "이 제품을 반드시 성공시킨다."라는 관점에서 접근하면, 의사결정 하나하나가 달라집니다.

한국인 PM에게 이 부분은 특히 크게 다가옵니다. 제가 미국 지사에서 일할 때, 본사에서 파견된 동료들이나 한국 출신 동료들과 함께 일하면서 성과를 드러내는 방식에서 차이를 자주 느꼈습니다. 좋은 결과를 만들어 냈음에도 불구하고 "내가 했다."보다는 "팀이 함께했다."라고만 표현하며 스스로 드러내지 않는 경우가 많았습니다. 반대로 실리콘밸리 팀에서는 같은 상황에서 누가 어떤 기여를 했는지를 훨씬 더 구체적으로 말하는 장면이 익숙했습니다. 숫자와 데이터, 그리고 고객 경험의 변화를 근거로 삼아 "이 부분은 내가 책임졌다."라는 점을 자연스럽게 밝히는 것이죠.

처음에는 이런 차이가 다소 낯설게 다가왔습니다. 한국 문화권에서는 겸손함이 좋은 태도로 받아들여지는 경우가 많다고 생각했기 때문입니다. 하지만 글로벌 무대에서는 성과 자체가 곧 존재 이유이자 인정의 근거가 되었습니다. 회의에서 "이번 출시 이후 사용자가 하루 평균 몇 분 더 머물렀다."라든지 "전환율이 몇 퍼센트 개선되었다."와 같이 결과를 구체적으로 드러내는 것이 오히려 설득력과 신뢰를 높여주었습니다.

이런 차이를 이해하면 한국인 PM에게 오히려 장점이 될 수 있습니다. 성과를 드러내는 방식이 단순한 자기 과시가 아니라, 제품이 어떤 변화를 만들었는지를 보여주는 일이라고 받아들인다면, 한국에서 길러온 팀워크 중심의 태도와 글로벌 무대에서 요구되는 명확한 어필 사이의 균형을 충분히 만들어 낼 수 있습니다.

많은 분들이 PM을 두고 '말을 잘해야 한다.'라고 생각합니다. 물론 커뮤니케이션은 중요합니다. 그러나 진짜 PM의 가치는 화려한 언변이 아니라 명확한 정의와 확실한 실행, 그리고 눈에 보이는 성공입니다.

제가 회사에서 출장비와 경비 정산 시스템을 담당했을 때, AI 기능을 일부 적용한 경험이 있습니다. 하지만 사용자들이 진짜로 중요하게 여긴 건 그것이 AI로 구현되었는지가 아니라, 늘 불편했던 과정이 실제로 편리해졌느냐 하는 점이었습니다. 결국 PM의 성과는 최신 기술을 얼마나 멋지게 붙였느냐가 아니라, 사용자가 '이제 훨씬 쓰기 좋아졌다.'라고 느끼는 순간에서 드러납니다.

PM이라는 역할은 국적이나 언어에 갇히는 자리가 아닙니다. 그

럼에도 한국인 PM이 실리콘밸리에서 드문 이유는 능력이 부족해서가 아니라, 도전의 기회와 시도가 많지 않았기 때문입니다. 그래서 더 중요한 건 완벽한 영어 실력이 아니라, 고객의 문제를 정확히 정의하고, 팀을 조율하며, 제품을 끝까지 성공으로 이끌어 내는 힘입니다. 한국인 특유의 치밀함과 성실함, 그리고 낯선 환경에 빠르게 적응하는 능력은 분명 큰 강점이 될 수 있습니다.

PM의 길은 특별한 몇 사람만의 길이 아닙니다. 누구나 도전할 수 있고, 실제로 성공할 수 있습니다. 중요한 것은 '내가 무엇을 정의하고, 어떻게 조율하며, 어떤 성공을 만들어 낼 것인가.'라는 질문을 끊임없이 붙잡는 일입니다.

PM이라는 일을 하다 보면, 많은 경우 '제품을 만드는 일'에만 몰두하기 쉽습니다. 실제로 제가 경험했던 팀들도, 자금이나 인력은 충분했지만 정작 중요한 것은 놓치곤 했습니다. 제품을 세상에 내놓는 것 자체가 어렵지 않은 시대인데도, 성공하는 제품은 극히 일부에 불과합니다. 단순히 '만들어 내는 것'만으로는 부족하다는 뜻입니다.

문제는 우리가 배우고 참고하는 수많은 콘텐츠들, 트위터 글, 블로그, 성공담, 강연이 오히려 오해를 낳기도 한다는 점입니다. "출시만이 답이다."라는 말에 쉽게 고개가 끄덕여지지만, 수많은 실패 사례를 보면 출시 그 자체는 전체 과정의 작은 일부일 뿐입니다. 중요한 건, 그 제품이 진짜로 고객에게 가치를 주고, 시장에서 자리 잡을 수 있는가입니다.

여기서 흔히 저지르는 또 다른 실수는 '다른 회사에서 성공한 방식'을 그대로 가져오려는 태도입니다. "구글에서는 이렇게 했다는데, 우리도 해보자.", "실리콘밸리 유명 PM이 이렇게 말했다더라." 이런 식으로 접근하면, 실제 우리 상황에 맞지 않는 답을 억지로 끼워 맞추게 됩니다. 결국 팀은 '금쪽같은 조언'을 따라 움직였다고 믿지만, 실상은 맥락 없는 모래성 위의 전략일 수 있습니다. 한국 기업에서도 마찬가지입니다. 외국 사례를 그대로 가져오면 멋있어 보이지만, 조직 구조나 문화, 의사결정 방식이 다르기 때문에 성과로 이어지기 어렵습니다.

그렇다고 해외 사례를 무시하라는 뜻은 아닙니다. 오히려 반대입니다. 한국에서 PM으로 성장해 실리콘밸리로 오고 싶으시다면, '무작정 베끼기'가 아니라 '현지화된 해석'을 훈련하셔야 합니다. 예를 들어 구글이나 메타의 방법론을 그대로 따라 하기보다, '왜 저 방식이 거기서 효과적이었을까?', '그 핵심 원리를 한국 환경에서 어떻게 변형할 수 있을까?'를 고민해 보셔야 합니다. 이런 사고 습관이 쌓이면, 미국에 와서도 '저 사람이 단순히 따라 하는 사람이 아니라, 맥락을 이해하고 새롭게 적용할 줄 아는 사람'이라는 평가를 받습니다.

또 하나 기억해야 할 점은, 많은 대기업에서 진짜 목표가 '성공'이 아니라는 사실입니다. 아이러니하게도 '성공'보다 '안정적으로 보이는 것'이 우선되는 경우가 많습니다. 보고 자리에서는 시장에 대한 통찰이나 차별화된 아이디어보다, 그럴듯한 지표와 치밀해 보이는 계획이 더 중요하게 다뤄지곤 합니다. '모든 걸 통제하고 있다.'는 인상을 주는 것이 실제 성과보다 더 안전하기 때문입니다. 저 역시 큰 조직에서 일할 때, 이런 분위기에 휩쓸린 적이 있습니다. 누구도 악의가 있는 건 아니지만, 결과적으로 도전적인 아이디어보다는 무난하고 방어적인 안이 채택되기 쉬운 구조가 만들어지는 것입니다.

이런 환경에서는 정말 창의적이고 차별화된 제품이 나오기 어렵습니다. 팀원들 역시 자연스럽게 상사의 시선, 다음 승진, 다른 부서와의 이해관계를 먼저 생각하게 됩니다. 그래서 때로는 가장 뛰어난 아이디어가 처음에는 제안되더라도, 회의와 검토 과정을 거치며 점점 '무난한 안'으로 희석되어 버립니다. 한국 대기업의 제품 회의 문화도 크게 다르지 않습니다. 눈에 띄는 성과보다는 '문제없이 굴러가고 있다.'는 이미지를 보여주는 것이 우선시되는 경우가 많습니다.

그렇다면 어떻게 해야 할까요? 결국 답은 '용기'와 '집요함'입니다. 팀과 조직의 관성을 뛰어넘어 실제 고객의 문제와 시장의 흐름에 집중하려면, 불편한 질문을 던지고 안전한 길을 거부할 용기가 필요합니다. 모든 것을 숫자로 증명하려 하기보다, 때로는 감각과 창의로 길을 열어야 합니다. 그리고 그 과정에서 혼자가 아니라, 팀 안의 숨은 창의성을 끌어내는 것도 중요합니다. 의외로 진짜 기발한 해법은 직급이 낮은 엔지니어나 디자이너에게서 나오기도 합니다. PM은 그 목소리를 포착하고, 빛을 보게 만들어 주어야 합니다.

물론 이는 결코 쉬운 일이 아닙니다. 여러 차례 벽에 부딪히고, '괜히 나섰다.'는 후회를 하게 될지도 모릅니다. 하지만 꾸준히 이런 과정을 거친 PM은 결국 성장의 궤도가 달라집니다. 단순히 일을 잘하는 수준을 넘어, 조직과 시장을 움직이는 리더로 자리 잡게 됩니다. 그리고 이런 역량을 가진 PM은 어느 나라, 어느 회사에서든 늘 찾고 싶어 하는 사람으로 대우받습니다. 결국 시장은 '안전하게 보이는 사람'이 아니라, '진짜로 변화를 이끄는 사람'을 가장 높이 평가하기 때문입니다.

PM이

하지 않는 일

PM을 하다 보면 '무엇을 할 것인가.'에만 몰두하기 쉽습니다. 하지만 어느 정도 똑똑한 사람이라면 사실 '무엇을 하지 않을 것인가.'를 더 잘 아는 쪽이 훨씬 큰 차이를 만듭니다. 우리가 가진 역량과 경험으로 옳은 선택지 두세 가지는 금방 찾을 수 있습니다. 문제는 그 가운데 잘못된 길을 골라 들어가는 순간, 되돌아오는 비용이 너무 크다는 데 있습니다. 단순한 시간 낭비를 넘어, 조직 전체의 기회비용까지 함께 날아가 버리기 때문입니다.

특히 한국 기업 문화에서는 "한 번 정해진 계획은 반드시 실행해야 한다."는 압박이 강합니다. 그래서 잘못된 길임을 깨달아도 되돌아오기 쉽지 않습니다. "이미 예산을 썼다.", "보고를 했다.", "임원이 승인했다." 같은 이유로 끝까지 밀어붙이다가 팀 전체가 소모되는 경우도 자주 봅니다. 결국 PM에게 중요한 역량 중 하나는 '하지 말아야 할 일'을 빨리 알아채고 용기 있게 멈추는 것입니다.

제가 자주 강조하는 함정 중 하나는 '실행 지향의 오류'입니다. 겉보기엔 분명히 합리적입니다. 팀은 늘 '빨리 할 수 있는 일', '명확하게 정의된 일'에 끌립니다. 고객이 직접 요청한 기능, 금방 구현할 수 있는 개선, 수치로 딱 떨어지는 과제 같은 것들이죠. 문제는 이런 일만 반복하다 보면 제품은 금세 평범해진다는 겁니다. 왜냐하면 경쟁사도 똑같은 일을 하고 있기 때문입니다.

많은 팀이 "우리는 실행 속도로 차별화하겠다."고 말합니다. 하지만 조직이 두세 명이 아니라 수십, 수백 명 규모로 커지면, 단순한 속도만으로는 차별화가 어렵습니다. 오히려 정말 큰 가치를 주는 애매하고 어려운 문제를 붙잡을 수 있는지가 승패를 가립니다. 한국 스타트업에서도 흔히 보이는 장면이 있습니다. 투자자 보고용으로 보여주기 좋은 '숫자 잘 나오는 개선 과제'만 반복하다가, 정작 장기적으로 회사를 키울 수 있는 기회를 놓쳐버리는 것이죠.

그렇다고 해서 쉬운 일을 절대 하지 말라는 뜻은 아닙니다. 다만 균형이 필요합니다. 명확하고 빠른 일만 한다면 누구도 실패하지 않을 수는 있겠지만, 누구도 크게 성공하지도 못합니다. 반대로 애매하고 복잡한 문제만 붙잡으면 팀은 지치고 성과는 늦게 나옵니다.

좋은 PM은 이 두 가지 사이에서 언제, 무엇을 포기하고, 무엇을 붙잡을지 판단할 줄 아는 사람입니다.

결국 PM이 하지 말아야 할 일은 단순히 '불필요한 일'이 아니라, '겉보기에 안전해 보이지만 결국 아무런 차별화도 가져오지 못하는 일'입니다. 제가 여러 팀에서 함께 일하며 본 바로는, 규모가 큰 조직일수록 당장의 리스크를 피하려다 무난한 선택으로 흘러가기 쉽습니다. 하지만 진짜 제품을 키우고 싶은 PM이라면, 오히려 용기를 내어 팀을 더 어려운 문제로 이끌어야 합니다. 바로 그 순간이, PM이 '하지 않아야 할 일'을 분명히 선 긋는 순간입니다.

PM의 여러 얼굴

많은 분들이 'PM'이라고 하면 하나의 직무로만 생각합니다. 하지만 실제로는 회사마다, 팀마다, 또 개인의 성향에 따라 전혀 다른 모습의 PM들이 존재합니다. 한국 기업에서도 마찬가지지만, 실리콘밸리에서는 이 차이가 훨씬 뚜렷하게 드러납니다. 저는 여러 회사를 거치며 관찰한 경험을 바탕으로, 대표적으로 눈에 띄는 다섯 가지 유형을 소개하고자 합니다. 물론 모든 PM이 딱 하나에만 속하는 것은 아닙니다. 누구나 주된 성향과 보조 성향을 함께 가지고 있습니다.

어떤 PM은 디자이너에 가까운 감각을 지닌 사용자 경험형입니다. 버튼이 몇 픽셀만 어긋나도 바로 눈치채고, '이게 과연 사용자가 쓰기에 즐거운가?'라는 질문을 끝없이 던집니다. 한국 스타트업에서 대표가 직접 앱 화면 하나하나를 집요하게 들여다보며 "이건 불편하다, 이건 더 매끄럽게 해야 한다."고 지적하는 모습이 바로 여기에 가깝습니다. 소비자 대상 서비스(B2C)에서 두각을 나타내는 유형입니다.

반대로 모든 것을 숫자와 데이터로 증명하려는 스타일도 있습니다. '이 기능이 정말 전환율을 높일 수 있는가?', '실험 결과가 통계적으로 의미가 있는가?'와 같은 질문을 집요하게 던집니다. 특히 게임 회사나 광고 성과를 세밀하게 관리하는 조직에서 자주 볼 수 있고, 이런 환경에서는 강점을 발휘합니다. 문제는 이 두 스타일이 만나면 쉽게 부딪힌다는 점입니다. 한쪽에서는 "느낌상 이게 더 낫다."라고 주장하고, 다른 쪽에서는 "근거가 없으면 믿을 수 없다."라고 맞섭니다. 하지만 바로 이 긴장이 새로운 아이디어를 걸러내고 더 나은 제품을 만들어 내는 힘이 되기도 합니다.

또 다른 유형은 사업가형입니다. MBA 출신이 많고, 제품을 단순한 기능이 아니라 하나의 비즈니스 전체로 바라봅니다. "이 기능이 회사 매출 구조에 어떤 영향을 주는가?", "인센티브는 어떻게 설계해야 하는가?" 같은 질문이 이들의 출발점입니다. 한국 대기업의 전략 기획실 출신이 PM으로 전환하면 이 부류에 가깝습니다. 시장 구조와 수익 모델까지 함께 고민하는 사람들이죠.

겉으로 잘 드러나지 않지만 조직의 엔진을 설계하는 PM도 있습니다. 보통은 플랫폼 PM이라고 부르는데, 이들은 API를 다루거나 내부 시스템을 만들어 다른 팀이 더 빠르고 안정적으로 일할 수 있게 돕습니다. 제가 본 한국 회사들에서는 이런 역할을 '플랫폼 TF'라는 이름으로 부르기도 했습니다. 직접적인 성과가 눈에 잘 띄지는 않지만, 이들이 다져놓은 기반 덕분에 전체 조직이 훨씬 효율적으로 움직일 수 있었습니다.

마지막으로, 요즘 점점 주목받는 리서치 · 기술형 PM이 있습니다. 예전에는 '알고리즘 PM'이라고 불렸는데, 인공지능 시대에는 AI와 리서치에 가까운 역할을 맡습니다. 엔지니어와 나란히 앉아 모델 학습 방식이나 기술 방향을 논의할 수 있을 만큼 기술 이해도가 깊은 유형입니다. 구글 검색팀이나 최신 AI 연구 기업에서 중요한 역할을 하고, 한국에서도 AI 서비스 확산과 함께 이런 PM의 필요성이 빠르게 커지고 있습니다.

이 다섯 가지 유형은 실리콘밸리만의 이야기가 아닙니다. 한국 IT 기업에도 이미 같은 패턴이 존재합니다. 다만 상대적으로 한국은 사용자 경험형이나 지표 성장형 PM이 많고, 사업가형이나 리서치형 PM은 아직 드문 편입니다.

중요한 건, 내가 어떤 유형인지 아는 것입니다. 꼭 디자인 감각이 뛰어난 사람만 훌륭한 PM이 되는 것도 아니고, 데이터에만 강해야 하는 것도 아닙니다. 사업 감각, 시스템 설계 능력, 기술 이해력 등 각자의 강점이 필요하고, 그 강점이 빛나는 자리도 다릅니다. 여러분이 PM을 꿈꾼다면, 스스로 성향과 강점을 이해하고, 그에 맞는 환경을 찾는 것이 무엇보다 중요합니다. 한국에서도 점차 다양한 유형의 PM이 자리 잡고 있고, 글로벌 무대에서는 이런 다양성이 더욱 환영받습니다.

Part 2.

PM에 필요한 역량

커뮤니케이션: 진짜 필요한 수준

PM에게 가장 중요한 자질 중 하나로 흔히 '영어 실력'을 꼽습니다. 특히 한국 독자분들은 '미국 테크 기업에서 일하려면 영어가 완벽해야 한다.'는 생각을 많이 하십니다. 하지만 제가 경험해 본 바로는, 유창함보다 훨씬 중요한 것은 명확함입니다.

회의 자리에서 말솜씨가 화려한 사람보다, 핵심을 짧고 분명하게 전달해 팀 전체가 같은 그림을 보게 만드는 사람이 더 큰 신뢰를 얻습니다. 복잡한 이해관계 속에서 PM이 해야 할 일은 화려한 언어가 아니라 모두가 같은 방향을 향하게 하는 것입니다.

예를 들어, 어떤 기능을 출시할 때 단순히 "클릭률이 1.5% 오를 겁니다."라고 말하는 것과 "이 기능이 있으면 사용자가 불필요하게 짜증 내는 순간이 줄어듭니다."라고 설명하는 것은 전혀 다른 효과를 냅니다. 숫자와 데이터는 필요합니다. 하지만 사람을 움직이는 힘은 공감에서 나옵니다. PM은 바로 그 공감을 만들어 내는 역할을 맡습니다.

좋은 커뮤니케이션은 결국 균형의 예술입니다. 논리와 데이터로 신뢰를 세우고, 감정과 공감으로 팀의 마음을 움직이는 것. 때로는 임원 회의에서 간결하게 보고해야 하고, 때로는 엔지니어와의 1:1 대화에서 섬세하게 배려해야 합니다. 청중에 따라 말의 무게와 결을 조율하는 능력이 바로 PM의 역량입니다.

여기서 한국인 PM들에게 특히 강조하고 싶은 부분이 있습니다. 제가 만난 여러 한국 조직에서는 직급이나 호칭 때문에 목소리를 내는 데 주저하는 모습을 자주 볼 수 있었습니다. 회의 자리에서 아이디어가 있어도 '내가 이걸 말해도 될까?'라는 망설임이 먼저 드러나는 경우가 많았습니다. 반면 실리콘밸리에서는 영어를 얼마나 유창하게 구사하는가 보다는 핵심을 얼마나 정확히 짚는가가 훨씬 더 중요하게 받아들여졌습니다. 완벽하지 않은 문장이라도 메시지가 명확하게 전달되면 충분히 존중받을 수 있었습니다.

물론 말하기 능력이 하루아침에 생기는 것은 아닙니다. 제가 본 한국 동료들 가운데에서도 '발표'라는 단어만 들어도 부담을 크게 느끼는 경우가 많았습니다. 그런데 실리콘밸리에서 일을 하면서 흥미로웠던 점은, 대단한 CEO나 창업자들도 말솜씨가 꼭 화려한 건 아니라는 사실이었습니다. 마크 저커버그도 초기에는 청중 앞에서 말할 때 어색한 모습을 보였고, 일론 머스크 역시 지금도 최고의 연설가라고 부르기는 어렵습니다. 중요한 것은 타고난 언변이 아니라, 자신에게 맞는 표현 방식을 찾고 꾸준히 연습하는 과정이었습니다. 시간이 지나면서 조금씩 더 명확하고 자신 있게 말할 수 있게 되는 그 과정 자체가 본질이었습니다. 즉, 영어 실력이 완벽하지 않아도 괜찮습니다. 그러나 메시지를 명확히 하고, 사람들의 마음을 움직일 수 있는 표현을 훈련하는 것. 그것이 진정으로 필요한 커뮤니케이션 역량입니다.

PM에게 데이터 분석은 얼마나 중요한가

PM은 매일 수많은 의사결정을 내려야 합니다. 이 과정에서 데이터는 훌륭한 나침반이 됩니다. 하지만 나침반만으로는 숲을 건널 수 없습니다. 숫자가 방향을 알려주기는 하지만, 그 길의 의미를 해석하고 맥락을 붙이는 일은 결국 사람의 몫입니다.

좋은 PM은 데이터를 단순히 소비하는 수준을 넘어, 직접 읽고 분석할 수 있어야 합니다. SQL*을 활용해 필요한 정보를 가져오거나, 분할 실험 결과를 해석하는 능력은 기본에 속합니다. 하지만 데이터

* SQL: Structured Query Language의 약자로, 데이터베이스에서 원하는 정보를 불러오거나 수정하기 위해 사용하는 표준 언어입니다. 쉽게 말해, 거대한 데이터 창고 안에서 '필요한 자료만 뽑아오는 질문서' 같은 역할을 합니다. 예를 들어, 수백만 명 사용자의 행동 데이터가 쌓여 있을 때, '어제 한국에서 로그인한 사용자 수'를 바로 추출할 수 있게 해줍니다.

는 '무슨 일이 일어났는가.'까지만 말해줄 뿐, '왜 일어났는가.'를 설명해 주지 않습니다.

저 역시 이런 경험을 직접 겪었습니다. 어떤 기능의 사용률이 예상보다 훨씬 낮게 나왔을 때, 데이터만 보면 그 기능은 완전 '실패작'처럼 보였습니다. 그러나 사용자 인터뷰를 병행해 보니 전혀 다른 진실이 드러났습니다. 사람들이 그 기능의 존재 자체를 몰라서 사용하지 않았던 것이었습니다. 문제는 제품의 본질이 아니라 노출 과정에 있었던 것이죠. 만약 데이터만 보고 판단했다면 잘못된 결론을 내렸을 것입니다. 이 경험을 통해 저는 데이터와 정성적 리서치를 함께 보는 균형 감각이 얼마나 중요한지 배웠습니다.

그렇다면 PM으로서 데이터 분석력을 어떻게 키울 수 있을까요? 가장 좋은 방법 중 하나는 이미 존재하는 분석을 꾸준히 읽는 것입니다. 회사 내부의 과거 분석 보고서를 찾아보고, 업계 블로그나 리서치 아티클을 읽으면서 다른 사람들이 데이터를 어떻게 해석하는지 배우는 것이 큰 도움이 됩니다. 회사가 어떤 지표들을 쓰는지, 그 지표들이 어떤 추세를 보여왔는지 익히는 것도 중요합니다. 더 나아가 상장사들의 실적 발표 자료를 읽으며 어떤 데이터 포인트를 강조하는지, 그 배경에 어떤 논리가 있는지도 파악해 보시길 권합니다.

성공적인 PM은 데이터와 '친해져야' 합니다. 모든 PM이 처음부터

SQL을 능숙하게 다루는 것은 아닙니다. 하지만 요즘은 ChatGPT 같은 도구들이 보조 역할을 할 수 있기 때문에, 이제는 배우지 않을 이유가 없습니다. 최소한 내부 문서를 읽고, 지표의 상관관계와 인과관계를 구분할 수 있어야 합니다. 새로운 제품을 기획하거나 출시할 때는 어떤 지표를 움직이고자 하는지, 또 어떤 지표는 흔들리지 않아야 하는지에 대한 가설을 반드시 세워야 합니다. 성공 지표뿐 아니라 가드레일 지표까지 정의하는 것이죠.

데이터 분석팀은 분명 든든한 동반자가 될 수 있습니다. 하지만 '왜 이 지표가 중요한가.'를 팀 전체에 설득력 있게 풀어내고, 그 흐름을 하나의 이야기로 만들어 내는 책임은 결국 PM에게 있습니다. 단순히 분석을 요청하는 사람이 아니라, 숫자를 근거 삼아 스스로 이야기를 만들고, 동료들이 이해하고 공감할 수 있도록 이끌어야 하는 것입니다. 그런 PM일수록 팀 안에서 신뢰와 존중을 얻습니다.

데이터를 다루는 일은 단순한 숫자 계산에 머물지 않습니다. 그 숫자 뒤에는 실제 사람들의 행동과 마음이 숨어 있습니다. 사용자가 왜 이 버튼을 누르지 않았는지, 어떤 순간에 불편함을 느끼는지, 무엇 때문에 머물다 떠나는지를 읽어내는 힘이 바로 데이터 속에 담겨 있습니다. 그리고 그 안에서 제품의 방향을 제시할 수 있는 사람이야말로, 조직 안에서 단순히 수치를 관리하는 사람이 아니라 전략을 이끄는 사람으로 자리 잡게 됩니다.

리더십과 팀워크

PM은 흔히 오케스트라의 지휘자에 비유됩니다. 직접 악기를 연주하지는 않지만, 각자가 가진 소리를 하나의 음악으로 엮어내는 역할을 맡습니다. 그러나 중요한 점은, 지휘봉을 휘두른다고 해서 음악이 저절로 완성되는 것은 아니라는 사실입니다.

PM의 리더십은 '지시'에서 나오는 것이 아니라 팀 안의 '분위기'에서 드러납니다. 제가 만난 여러 한국 조직에서는 '위에서 정한 일이니까 따라야 한다.'는 사고가 여전히 남아 있는 모습을 종종 볼 수 있었습니다. 물론 지금은 회사마다 분위기가 달라졌을 수도 있고, 이런 문화가 오히려 빠른 실행력을 만드는 장점으로 작용할 때도 있었습니다.

반대로 실리콘밸리에서 제가 배운 것은 조금 다른 모습이었습니다. 좋은 PM일수록 팀원들이 '이건 내가 책임지는 프로젝트다.'라는 생각을 자연스럽게 하게 만들었습니다. 위에서 내려오는 과제가 아니라, 스스로 주인의식을 느끼고 자발적으로 움직이는 과정에서 책임감이 살아났고, 그때 진짜 성과가 만들어지는 장면을 자주 볼 수 있었습니다.

결국 중요한 것은 어느 쪽이 옳고 그르냐가 아니라, PM이 어떤 분위기를 만들어 내느냐였습니다. 지시로 굴러가는 팀도 일정 수준의 결과를 낼 수 있지만, 자발성이 깃든 팀은 같은 시간과 자원으로 더 큰 성과를 만들어 내곤 했습니다. 제가 경험한 바로는, 이 차이가 조직을 오래 끌고 가는 힘을 가르는 지점이 되곤 했습니다.

제가 존경했던 한 PM은 회의 때 늘 이렇게 물었습니다.

"제 의견이 맞나요?"가 아니라, "제가 놓친 부분이 있습니까?"

겉보기에 작은 차이 같지만, 이 질문 하나가 팀의 태도를 완전히 바꿉니다. 전자는 동의를 강요하는 질문이고, 후자는 참여를 끌어내는 질문입니다. 한국인 특유의 '괜히 튀면 안 된다.'는 분위기 속에서는 반대 의견을 내기가 쉽지 않습니다. 그렇기에 PM이 먼저 열린 태도를 보여줄 때 팀원들은 안심하고 의견을 꺼내게 됩니다.

리더십은 곧 팀워크입니다. PM이 모든 답을 가지고 있을 필요는 없습니다. 오히려 팀이 스스로 답을 찾을 수 있도록 토대를 마련하는 것이 중요합니다. 갈등이 생겼을 때 그것을 덮어두는 대신, 건강한 긴장으로 바꿔 팀을 더 단단하게 만드는 것도 PM의 몫입니다.

좋은 리더십이란 결국 '내가 앞에 서겠다.'는 것이 아니라, '우리가 함께 앞으로 나아간다.'는 확신을 심어주는 일입니다. 한국의 독자 여러분께 꼭 말씀드리고 싶은 것은, 리더십은 화려한 말솜씨나 권위에서 나오지 않는다는 점입니다. 묵묵히 귀 기울이고, 팀을 믿고, 모두가 함께 성과를 나누게 만드는 것. 그럴 때 비로소 팀은 PM을 신뢰하고, 제품은 더 큰 힘을 얻게 됩니다.

PM의 하루

PM의 하루는 회사 규모나 개인의 경력 단계에 따라 달라질 수 있습니다. 하지만 공통적으로 흐르는 본질이 있습니다. 바로 연결하고, 배우고, 결정하는 일입니다.

단순히 '회의가 많다.'로 요약하기엔 부족합니다. 하루를 뜯어보면 수많은 대화 속에서 신뢰를 쌓고, 데이터를 해석하며, 제품의 다음 방향을 선택하는 작은 순간들이 켜켜이 쌓여있습니다.

아침에 가장 먼저 하는 일은 팀과의 짧은 회의입니다. 보통은 개발자와 디자이너가 모여 진행 상황을 공유하고 막힌 부분을 해결합니다. 이때 PM은 단순히 일정을 조율하는 사람이 아닙니다. '왜 이 기능이 중요한가.'를 다시 한번 상기시켜 주는 역할을 합니다. 이후

하루 종일 다양한 팀과 연결됩니다. 고객 지원팀과 만나 고객의 목소리를 직접 듣기도 하고, 영업 팀과 함께 고객의 반응을 확인하며 새로운 시장 기회를 포착하기도 합니다. 마케팅 팀과는 메시지를 다듬고, 개발팀과는 우선순위를 정리합니다.

특히 한국인 PM이라면 이 과정에서 영어 실력이 완벽하지 않아도 괜찮습니다. 중요한 건 질문을 제대로 던지고, 대답을 책임 있게 해주는 것입니다. 언어 유창함보다 '사용자는 무엇을 원하고 있는가.'라는 직관과 제품에 대한 이해가 훨씬 더 큰 힘을 발휘합니다.

PM의 하루에서 또 다른 중요한 축은 배움입니다.

제품의 사용 데이터를 살펴보고, 매출 지표를 확인하며, 새로운 기능의 반응을 분석합니다. 수치만 보는 것이 아니라 '왜 이런 결과가 나왔는가?'를 끊임없이 묻는 것이 핵심입니다.

이 과정에서 경쟁사의 움직임을 추적하거나, 업계 보고서를 읽고, 사용자 인터뷰를 진행하기도 합니다.

특히 한국인 PM에게는 이 부분이 강점이 될 수 있습니다. 한국은 이미 데이터 기반의 서비스 운영에 익숙하고, 치밀하게 비교 · 분석하는 문화가 강합니다. 이를 그대로 살려 글로벌 무대에서도 경쟁력을 발휘할 수 있습니다.

하루 중 어느 순간엔가는 결정을 내려야 합니다. 무엇을 먼저 개발할지, 어떤 실험을 접을지, 어떤 가설을 더 검증할지. PM의 선택은 팀 전체의 방향을 좌우합니다.

여기서 중요한 건 결정의 근거를 남기는 것입니다. 회의에서 나온 핵심을 요약해 공유하고, 문제 정의와 가설을 문서로 남기며, 제품 전략 계획을 최신 상태로 유지해야 합니다. 문서화는 귀찮은 작업 같지만, 바로 이 기록이 팀의 나침반 역할을 합니다.

한국 PM들이 특히 주목할 부분은 이 기록 문화입니다. 한국 기업 문화에서는 구두로 빠르게 합의하는 경우가 많지만, 글로벌 무대에서는 기록이 곧 신뢰의 증거가 됩니다. 작은 메모라도 남기고 공유하는 습관을 갖는 것이 좋습니다.

PM의 하루는 언제나 계획대로 흘러가지는 않습니다. 갑작스럽게 중요한 고객이 화가 나서 전화를 받게 되거나, 예상치 못한 기술적 문제가 터지기도 합니다. 때로는 임원이 불쑥 찾아와 "지금 우리 제품의 가장 큰 리스크가 뭐냐."고 묻기도 합니다.

이런 순간이야말로 PM의 진짜 실력이 드러납니다. 모든 답을 알 필요는 없습니다. 다만 침착하게 문제를 정의하고, 누가 해결할 수 있는지 연결하는 능력이 중요합니다.

결국 PM의 하루는 회의와 문서, 데이터와 결정의 연속입니다. 하지만 그 안에는 한 가지 공통된 질문이 숨어 있습니다.

"우리가 지금 하고 있는 일이 사용자에게 어떤 의미가 있는가?"

이 질문을 붙잡고 있다면, 언어가 완벽하지 않아도 괜찮습니다. 영어를 잘하지 못해도, 목소리가 크지 않아도, 충분히 신뢰받는 PM이 될 수 있습니다. 오히려 한국인 특유의 성실함과 세심함은 글로벌 무대에서 강력한 무기가 됩니다.

PM의 첫 30일

새로운 회사에 PM으로 합류하면 누구나 같은 감정을 느낍니다. 해야 할 일은 너무 많고, 알아야 할 것도 끝이 없는 것 같습니다. 특히 한국인이라면 '언어 장벽'이나 '내가 잘 적응할 수 있을까?'라는 불안까지 더해집니다. 그러나 이 시기에 가장 중요한 것은 모든 것을 다 하려는 욕심이 아닙니다. 오히려 집중해서 제대로 하는 세 가지에 힘을 쏟는 것이 훨씬 더 현명합니다.

대부분의 새로운 PM은 첫날 상사에게 이렇게 묻습니다.

"저는 무엇을 하면 될까요?"

대부분의 팀장은 "당장은 아무것도 기대하지 않으니, 일단 배우면서 적응하세요."라고 말합니다. 듣기에는 편안하지만, 여기서 멈추면 안 됩니다. 한발 더 나아가 이렇게 물어보는 것이 좋습니다.

"팀 안에서 지금 당장 가장 시급하게 짚어야 할 문제는 무엇입니까? 제가 완전히 해결하지는 못하더라도, 원인을 파악하고 정리해서 공유드릴 수 있습니다."

이 질문 하나로 신뢰의 분위기가 달라집니다. 왜냐하면 팀장은 '막 합류한 사람에게 일을 던지는 건 부담스럽다.'라는 마음을 갖기 마련이기 때문입니다. 하지만 PM 스스로 "제가 최소한 진단은 해보겠습니다."라고 하면, 상대방은 오히려 안심합니다.

이렇게 찾아낸 시급한 과제 두세 개를 30일 안에 분석하고 방향성을 제안하는 것만으로도 큰 신뢰를 얻을 수 있습니다. 반대로 흔히 하는 실수는, 혼자 열심히 자료를 모아 팀 앞에 던져놓는 것입니다. 예를 들어, "제가 지난 며칠 동안 고객 피드백을 전부 모아봤습니다. 이제 우리 팀이 검토해야 합니다."라고 발표하면 어떨까요? 의도는 좋지만, 기존 팀원은 '우린 이미 할 일도 많은데, 새로 온 PM이 또 일을 늘리네.'라고 느낄 수 있습니다. 때로는 오만하게 보이기도 합니다.

따라서 첫 30일 동안은 스스로 찾은 일이 아니라, 팀이 중요하다고 지목한 문제를 짚고, 그 맥락을 이해하는 데 초점을 맞추는 것이 현명합니다.

새로운 PM에게 가장 중요한 공부는 단순히 문서를 읽는 것이 아닙니다. 고객 미팅에 동행하면서 실제 사용자의 목소리를 듣고, 업계 보고서와 기사에서 흐름을 파악하며, 내부 데이터와 제품 지표를 하나하나 들여다보는 것. 이 과정에서 얻게 되는 맥락은, 나중에 결정을 내릴 때 가장 든든한 기반이 됩니다.

특히 한국인 PM이라면 이 부분에서 강점을 살릴 수 있습니다. 한국은 빠른 적응력과 학습 속도로 유명합니다. 처음엔 영어가 완벽하지 않아도 괜찮습니다. 대신 '이 팀에서 쓰는 단어와 표현을 어떻게 쓰는가.'를 빠르게 익히는 것이 중요합니다. 같은 내용을 말해도 현지 팀의 언어로 표현할 때 신뢰가 생기기 때문입니다.

첫 30일은 성과를 내는 시간이라기보다 관계를 심는 시간입니다. 이때 많은 신입 PM이 저지르는 실수는, 첫 회의에서부터 액션 아이템을 쏟아내는 것입니다. "제가 보기엔 이런 기능이 필요합니다. 이번 주까지 해볼 수 있나요?"라고 던지는 순간, 팀은 방어적으로 바뀝니다.

대신 이렇게 접근해야 합니다.
"지금 가장 크게 고민하고 계신 건 무엇인가요?"
"이전에 시도했지만 잘되지 않았던 것은 무엇인가요?"
"제가 도울 수 있는 부분은 어디일까요?"

이 질문만으로도 팀원들은 '이 사람은 나를 이해하려고 한다.'는 인상을 받습니다. 또 한 가지 중요한 팁은, 내가 엔지니어링과 디자인의 어려움을 이해한다는 신호를 주는 것입니다. 예를 들어 엔지니어에게는 "개발 일정이 얼마나 빡빡한지 잘 알고 있습니다."라고, 디자이너에게는 "사용자 경험을 다듬는 일이 얼마나 반복적인 과정인지 알고 있습니다."라고 말하는 식입니다. 자랑이 아니라 공감의 표현으로 전달할 때, 그 신뢰는 오래갑니다.

한국인 PM들은 대체로 노력과 꼼꼼함에서 강점을 보입니다. 하지만 실리콘밸리에서 첫 30일은 단순히 열심히 한다고 되는 시간이 아닙니다. 이 시기에 어떤 태도를 보이느냐가 이후의 신뢰와 평판을 좌우하는 경우가 많습니다.

제가 본 한국인 동료들 가운데에는 너무 겸손해서 스스로 드러내지 못하는 경우가 있었습니다. 한국에서는 조용히 배우고 지켜보는 태도가 미덕으로 여겨질 때가 있지만, 미국에서는 쉽게 '저 사람은 왜 말이 없을까?'라는 의문으로 이어질 수 있습니다. 모르는 것이 있으면 질문을 하고, 배운 것을 자기 언어로 정리해 팀과 공유하는 것만으로도 존재감이 분명해집니다.

또 반대로, 빨리 인정받고 싶은 마음에 서둘러 해결책을 제시하려는 경우도 있습니다. "제가 방법을 찾았습니다."라는 태도로 나서면 순간적으로 눈에 띌 수 있지만, 팀에서는 오히려 상황을 충분히 이해하지 못한 채 성급하게 결론을 내린다는 인상을 줄 수도 있습니다. 초반에는 문제를 진단하고 관찰하는 역할에 충실한 편이 훨씬 더 신뢰를 쌓는 길이었습니다.

그리고 무엇보다 중요한 것은 언어가 아니라 맥락이었습니다. 영어 문장이 완벽하지 않아도 괜찮습니다. 단어 하나 틀린다고 해서 팀의 신뢰를 잃는 일은 거의 없습니다. 그러나 논점을 흐리거나 핵심을 잘못 짚으면 바로 신뢰가 흔들립니다. 결국 중요한 것은 '무엇을 질문해야 하는가, 어떻게 요약해야 하는가.'를 분명히 하는 것이었습니다. 언어는 시간이 지나면서 자연스럽게 나아지지만, 핵심을 정확하게 전달하는 힘은 그 순간부터 곧바로 평가받습니다.

첫 30일은 팀이 중요하다고 여기는 문제를 함께 짚고, 맥락을 빠르게 배우며, 사람들과 신뢰를 쌓는 시간입니다.

성과를 내겠다는 조급함보다, 팀과 함께 숨을 맞추는 데 집중한다면 30일이 끝났을 때 이미 중요한 토대를 다져놓게 될 것입니다. 그리고 이 시기를 제대로 보낸 PM은, 그다음 300일, 그다음 3년 동안도 흔들리지 않는 힘을 얻게 됩니다.

우선순위 설계

우선순위를 설계하는 과정에서 가장 흔히 겪는 문제는, 무엇이든 논의하기 시작하면 그 주제가 실제보다 훨씬 중요하게 보인다는 점입니다. 행동경제학에서는 이를 '집중 착각'이라고 부릅니다. 어떤 문제를 생각하는 순간, 그 문제가 다른 모든 것보다 더 큰 비중을 차지해 보이는 착각 말입니다.

한국에서 일하는 분들도 이런 경험이 많으실 겁니다. 회의실에서 갑자기 누군가가 "경쟁사가 이 기능을 넣었다더라." 혹은 "우리 고객 중 한 대기업이 이걸 꼭 요구한다더라."라고 말하면, 곧바로 분위기가 달라집니다. 그 순간부터는 모든 대화가 그 기능을 어떻게 구현할지, 자원은 어떻게 확보할지로 쏠려버립니다. 하지만 사실은 회사 전체 차원에서 훨씬 중요한 일들이 이미 산더미처럼 쌓여 있는데 말입니다.

실리콘밸리에서도 비슷한 일이 벌어집니다. 특정 고객의 요청이나 임원의 의견이 들어오면 모두가 거기에 집중합니다. 하지만 실제로 그 기능을 열심히 만들어도 정작 고객이 잘 쓰지 않는 경우가 많습니다. 왜냐하면 그 고객에게도 1순위, 2순위 문제가 따로 있기 때문입니다. "좋은 기능이긴 한데, 지금은 다른 일이 더 급하다."라는 말은 한국 기업에서도, 미국 기업에서도 똑같이 들을 수 있는 이야기입니다.

그렇다면 어떻게 접근하는 게 좋을까요. 저는 고객이 문제를 이야기할 때 이렇게 물어보곤 했습니다.

"알겠습니다. 그런데 지금 겪고 계신 여러 문제들 중에서 이게 몇 번째로 중요한가요?" 이 질문을 던지면 전체 과제를 나열하고 우선순위를 매기게 되고, 그 과정에서 우리가 한참 이야기하던 기능이 사실은 3순위나 4순위일 수도 있다는 사실이 드러납니다. 대부분의 회사는 한 분기에 1~2순위 문제를 해결하기에도 벅차기 때문에, 4순위 문제를 지금 당장 푼다고 해서 눈에 띄는 성과가 나오기는 어렵습니다.

내부적으로도 마찬가지입니다. 한국 스타트업에서 흔히 보는 장면이 있습니다. 투자사 시연을 앞두고 갑자기 대표가 "이 기능 꼭 있어야 한다."라고 하면, 팀 전체가 그 기능에 매달립니다. 하지만 회사의 장기 전략이나 서비스의 핵심 가치와는 거리가 먼 경우도 많습니다. 이런 때에 "현재 진행 중인 다른 프로젝트보다 이게 더 중요한가요?"라고 되묻는 습관이 필요합니다.

많은 분들이 '이게 중요한가, 아닌가.'로만 판단합니다. 하지만 진짜 중요한 질문은 '다른 선택지와 비교했을 때 얼마나 중요한가.'입니다. 어떤 일을 할지 정하는 것보다 더 중요한 건, 무엇을 하지 않을지를 정하는 일입니다. 기회비용을 줄이는 것이야말로 PM이 해야 할 가장 중요한 우선순위 설계입니다.

이 원칙은 제품 개발뿐 아니라 커리어에도 똑같이 적용됩니다. 한국에서 실리콘밸리 PM을 꿈꾸는 분들이 자주 묻습니다. "MBA를 가야 할까요?", "한국에서 경력을 더 쌓고 넘어가야 할까요?", "아니면 지금 바로 도전해야 할까요?" 이런 고민 역시 단순히 "중요하다/아니다."로 답할 수 없습니다. 내 커리어의 다른 선택지들과 비교했을 때 어디쯤 위치하는지, 내 인생 우선순위 목록에서 몇 위인지 생각해야 합니다.

의사결정과 트레이드오프

제품 전략에서 가장 중요한 것은 무엇을 하지 않을지를 분명히 하는 것입니다. 좋은 전략은 목표 고객과 비(非)고객을 명확히 구분합니다. "우리 제품은 이들을 위한 것이다."라고 말할 수 있어야 합니다. 반대로 나쁜 전략은 모든 고객을 다 만족시키려 하다가 결국 누구도 만족시키지 못합니다.

좋은 전략은 시장과 경쟁자, 그리고 우리 제품의 현재 위치를 냉정하게 바라봅니다. 고객이 수십 가지 요구를 하더라도, 그중 핵심 몇 가지를 의도적으로 골라 해결합니다. 하지만 나쁜 전략은 '전략 목표'라는 이름으로 길게 리스트를 만들고, 사실상 모든 걸 다 하려 합니다.

트레이드오프를 분명히 하는 것도 좋은 전략의 특징입니다. 모든 걸 다 한다는 말은 곧 아무것도 제대로 하지 못한다는 뜻입니다. 많은 한국 스타트업들이 이 덫에 빠집니다. 고객이 요청하니 해줘야 하고, 투자자가 요구하니 또 해줘야 하고, 경쟁사가 하는 건 우리도 해야 한다고 믿습니다. 하지만 실리콘밸리에서 배울 수 있는 가장 큰 교훈은 '선택과 집중'입니다. 무엇을 포기할지를 먼저 정하지 않으면, 팀 전체가 산만해지고 결국 번아웃으로 이어집니다.

여기서 중요한 깨달음이 있습니다. 좋은 전략은 언제나 트레이드오프 위에 세워진다는 사실입니다. "모든 걸 다 하겠다."는 말은 전략이 아니라 기도문에 가깝습니다. 반대로 좋은 전략은 회사가 가진 강점을 현실적으로 활용하고, 장기적으로 지속 가능한 차별화를 만듭니다. 단순히 "세계 최고가 되겠다."는 구호가 아니라, 구체적인 제품 선택과 실행 계획으로 이어집니다.

이 지점에서 PM 리더들이 흔히 겪는 현실적인 갈등이 드러납니다. 화려한 직함과 멋진 링크드인 프로필 뒤에는, 끝없는 회의와 보고, 팀 관리, 사내 정치가 기다리고 있습니다. 정작 본질적인 제품 일은 손에 잡기 힘들고, 늘 시간에 쫓기며 "나는 지금 제대로 가고 있는 걸까?"라는 의문이 따라붙습니다. 한국에서 미국 빅테크 PM 리더를 꿈꾸는 분들이라면 특히 이 장면이 낯설지 않을 겁니다.

이 갈등에서 벗어나는 길은 단순합니다. 첫째, 모든 것을 가질 수는 없다는 사실을 인정하는 것입니다. MBA 유학, 현재 회사에서의 승진, 바로 미국 진출, 모두 동시에 붙잡을 수는 없습니다. 지금 나에게 가장 중요한 게 무엇인지, 그리고 그 선택이 어떤 대가를 요구하는지 분명히 알아야 합니다. 둘째, 더 나은 의사결정을 내리는 것입니다. 많은 PM 리더들의 하루를 가득 채우는 일은 사실 없어도 될 보고, 하지 않아도 될 회의, 의미 없는 긴급 대응입니다. 이런 일들을 과감히 덜어내고, 위임할 수 있는 일은 위임해야 합니다.

전략도, 커리어도 결국 같은 원칙으로 귀결됩니다. 무엇을 할지가 아니라, 무엇을 하지 않을지를 정하는 것. 바로 그 선택이 여러분을 더 선명하게 만들고, 더 멀리 가게 합니다. 실리콘밸리에서 성공한 한국인 PM들이 강조하는 것도 결국 이 지점입니다. 트레이드오프를 두려워하지 않는 용기, 이것이야말로 진짜 전략이며, 여러분이 지금부터 준비해야 할 태도입니다.

카카오 사례로 보는
조직의 지시와 현장의 주도권

의사결정과 트레이드오프는 PM이 매일 부딪히는 가장 중요한 주제 중 하나입니다. 제가 이 책을 집필하는 시점에도 카카오톡이 대규모 개편을 단행해 프로필 스토리와 소셜 기능을 추가했는데, 초반 사용자 반발이 상당히 컸습니다. 물론 시간이 지나면서 사용자 반응이 어떻게 바뀔지는 단언할 수 없습니다. 역사적으로도 많은 앱이 큰 변화를 단행했을 때 처음에는 혹평을 받다가, 시간이 지나면서 '이제는 없으면 안 되는 기능'으로 자리 잡은 경우도 있었기 때문입니다. 그러나 초기 반응이 급격히 부정적이라 업데이트를 되돌리거나, 심지어 언론 보도로까지 이어지는 경우는 성공이라고 보기 어렵습니다.

여기서 어려움이 생깁니다. 이렇게 큰 반발을 두려워하다 보면, 사용자가 많은 앱일수록 과감한 도전을 쉽게 하지 못합니다. 반대로, 리서치와 데이터 분석을 바탕으로 한 점진적 실험을 통해 조금씩 변화를 도입하면 리스크를 줄일 수 있습니다. 예를 들어 글로벌 빅테크 기업들은 새로운 기능을 전면 도입하기 전에 제한된 사용자 집단을 대상으로 실험을 반복하고, 그 결과를 바탕으로 점차 확대해 나갑니다. 물론 카카오처럼 수천만 명이 쓰는 앱에서 1%만 대상으로 분할 실험을 돌려도 이미 수십만 명이 영향을 받기 때문에, 큰 개편일수록 소규모 실험만으로 충분하지 않을 수 있습니다. 그렇다고 해도, 닫힌 환경에서 진행하는 포커스 그룹 인터뷰나 정성조사, 혹은 내부 베타 테스트 등을 거쳐 리스크를 최소화할 수는 있을 것입니다.

하지만 여기에는 또 다른 현실적인 문제가 있습니다. 때로는 이런 결정이 '위에서 내려오는 지시'로 시작되기도 합니다. 사용자의 목소리와 리서치 결과보다 경영진의 의지가 앞서 있을 때, PM은 쉽지 않은 상황에 놓입니다. 이럴 때 '무조건 반대해야 한다.'는 건 현실적이지 않습니다. PM의 역할은 주어진 제약 속에서도 어떻게든 위험을 줄이고, 실행 과정에서 작은 조정이라도 만들어 내는 데 있습니다. 최선의 시나리오는 물론, PM 스스로 아이디어를 기획하고 데이터를 근거로 아래에서부터 설득해 제품을 발전시키는 것이지만, 모든 의사결정이 그렇게 흘러가지는 않습니다. 그래서 PM은 항상 두 가지를 동시에 준비해야 합니다. 하나는 '내가 주도적으로 방향을 이끄는 경우'에 필요한 설득과 실행력이고, 다른 하나는 '위에서 내려오는 지시'를 받았을 때 그 안에서 리스크를 완화하고 현실적으로 최선의 선택을 하는 능력입니다.

결국 PM의 역할은 옳고 그름을 단순히 가려내는 데 있지 않습니다. 어떤 제약 속에서도 제품이 낼 수 있는 최선의 결과를 찾아내고, 이를 위해 끊임없이 의사결정과 트레이드오프를 반복하는 과정 그 자체가 PM의 본질입니다. 이번 카카오 사례에서도 분명 내부에서는 큰 혼란이 있었을 것이고, 주말 내내 밤을 새워 업데이트를 준비했을 팀의 노력이 느껴집니다. 이런 몰입과 열정은 실리콘밸리에서도 그대로 통합니다. 한국에서 보여주신 이 힘을 그대로 가져오신다면, 충분히 좋은 성과를 내실 수 있을 것입니다.

영향력 (권한 없이 움직이게 하기)

조직에서 PM이 가장 많이 부딪히는 현실은 권한이 없는 상황에서도 팀을 움직여야 한다는 점입니다. 누군가의 지시나 공식적인 임무를 기다리는 것이 아니라, 스스로 옳다고 믿는 방향을 먼저 제안하고 설득해야 합니다. 그러나 많은 분들이 여전히 허락을 기다리며 시간을 흘려보냅니다. 하지만 그런 태도로는 결코 영향력을 가질 수 없습니다. 아주 작은 아이디어라도 문서로 정리해 공유하는 순간, 이미 첫걸음을 내디딘 것입니다.

처음부터 완벽할 필요는 없습니다. 오히려 글로 정리하는 과정에서 스스로 생각이 선명해지고, 때로는 확신이 더 커지기도 하고, 또 어떤 경우에는 접어야겠다는 판단을 내리게 되기도 합니다. 이 모든 과정이 의미가 있습니다. 확신이 생겼다면 그다음 필요한 것은 설득력입니다. 결국 영향력이란 설득에서 비롯되기 때문입니다.

많은 PM들이 흔히 빠지는 함정이 있습니다. 진실을 말한다는 명분으로 상대를 몰아붙이는 태도입니다. 그러나 이는 대개 실패로 끝납니다. '나는 옳고 당신은 틀렸다.'는 우월감이 담긴 순간, 상대는 마음을 닫아버립니다. 영향력을 높이고 싶다면 진실을 찾는 사람이라는 태도보다는, 상대가 왜 그런 선택을 하는지를 이해하려는 자세가 필요합니다. 어떤 분은 데이터로 설득이 되고, 어떤 분은 고객의 목소리와 실제 사례를 들어야 납득합니다. 사람마다 다르게 반응하기 때문에, 상대가 받아들일 수 있는 언어로 이야기해야 합니다. 결국 영향력은 다른 사람의 세계를 이해하고, 그들의 언어로 말할 수 있는 능력에서 나옵니다.

모든 문제를 다 고치려는 태도도 위험합니다. 회사 안에는 불완전한 제도, 부족한 프로세스, 애매한 전략이 끝없이 보입니다. 그때마다 모든 것을 바로잡으려 하면 결국 번아웃에 빠지게 됩니다. 그래서 스스로 물어야 합니다. 이 문제가 회사 전체에 미치는 영향이 큰가, 되돌리기 어려운가, 지금 시기를 놓치면 기회를 잃는가. 이 세 가지 중 두 가지 이상에 해당될 때만 힘을 집중하는 것이 현명합니다. 나머지는 그냥 흘려보내는 편이 낫습니다.

위임과 상향 보고 역시 영향력을 키우는 중요한 도구입니다. 혼자 모든 것을 끌어안고 있으면 정작 가장 중요한 일에 집중할 수 없습니다. 팀원에게 일을 맡길 때는 단순히 "이 일을 해보라."고 하는 것이 아니라, 필요한 결과물의 형태와 일정, 그리고 의사소통의 방식을 분명히 알려주어야 합니다. 반대로 꼭 윗선에 올려야 할 문제라면, 여러 선택지를 정리해 각각의 장단점과 추천안을 제시해야 합니다. 그래야 한 번의 보고로 의미 있는 결정을 이끌어 낼 수 있습니다.

무엇보다 중요한 사실은, 내가 통제할 수 없는 것을 억지로 바꾸려 하기보다, 내가 통제할 수 있는 입력을 다루는 능력을 키워야 한다는 점입니다. 말로 싸워 이겨도 기록이 남지 않으면 다음 주에 똑같은 이야기를 반복해야 합니다. 반면에 간단한 제안서라도 문서로 남겨 공유하고, 그 문서가 실제로 조직을 조금이라도 움직인다면 그것이 바로 권한 없는 영향력의 증거가 됩니다.

한국에서 실리콘밸리로 도전을 준비하시는 분들에게 이 점은 특히 중요합니다. 영어가 완벽하지 않아도 괜찮습니다. 중요한 것은 명료함과 일관성입니다. 지금 다니고 있는 회사에서 작은 제안서를 꾸준히 쓰고, 데이터를 정리해 공유하고, 팀을 설득해 본 경험이 결국 미국에서도 가장 강력한 자산이 됩니다. 영향력이란 타고나는 것이 아니라, 매일 조금씩 쌓아가는 기술입니다. 그리고 그것이야말로 PM으로서 오래 버티고 멀리 나아가는 힘이 됩니다.

디자인 감수성과 접근성

PM으로 일하다 보면 디자인 팀과 부딪히는 순간이 자주 생깁니다. 일정에 쫓기다 보니 디자이너를 늦게 참여시키고, "이번 기능은 꼭 이번 분기에 내야 하니 화면만 빨리 뽑아주세요."라고 요청하는 경우가 많습니다. 디자이너는 곧장 자료를 모으고, 사용자 여정을 그려보고, 몇 가지 시안을 만들어 공유합니다. 팀은 "좋다.", "멋지다."라고 반응하지만 곧 이렇게 말합니다. "이번에는 최소 기능으로만 가야 해서, 이건 다음에." 디자이너 입장에서는 답답할 수밖에 없습니다. 서로의 의도가 나쁜 게 아닌데도 이렇게 어긋나는 이유는 무엇일까요?

PM이라면 반드시 이해해야 하는 점이 있습니다. 디자이너가 강한 이유는 언제나 큰 그림에서 시작해 세세한 디테일까지 내려간다는 데 있습니다. 가입 화면 하나를 만들더라도, 그 앞뒤 맥락을 함께 고민합니다. 사람은 왜 이 서비스를 쓰는가, 첫 실행에서 어떤 감정을 느껴야 하는가, 이 배경이 없다면 디자이너는 손이 잘 움직이지 않습니다. 반대로 PM은 마감, 자원, 단기 목표부터 떠올리기 쉽습니다. 이 둘이 충돌하면 늘 "좋지만 이번에는 불가능하다."는 답만 오갑니다.

이럴 때 필요한 건 단순합니다. 기대치를 명확히 정하고, 동시에 탐색할 여지를 주는 것입니다. 당장 필요한 것이 기존 흐름의 작은 개선이라면, 그 사실을 솔직히 말씀하셔야 합니다. 다만 '시간이 없으니 대충'이 아니라, 왜 지금은 이 방향이 회사에 더 큰 가치를 주는지 맥락을 설명하는 게 중요합니다. 그러면서도 디자이너가 조금은 넓게 탐색할 수 있는 시간을 허락하고, 그 과정에 PM도 함께 참여해 배경과 비즈니스 맥락을 공유한다면, 디자이너는 훨씬 더 빠르게 합의된 결과물을 내놓습니다.

여기에 반드시 붙어야 할 축이 접근성입니다. 접근성은 시간이 남을 때 하는 '추가 작업'이 아니라, 애초에 설계 단계에서 들어가야 할 조건입니다. 화면의 색 대비가 충분하지 않다면, 버튼이 키보드로 이동되지 않는다면, 자막 없는 영상만 제공된다면, 이미 일부 사용자를 외면하는 제품이 됩니다. 복잡하게 생각하지 않으셔도 됩니다. 글자가 어두운 곳에서도 읽히는지, 손이 불편한 분도 조작할 수 있는지, 시각적 신호만으로 의미가 전달되지는 않는지, 저사양 기기나 느린 네트워크에서도 기본 기능이 작동하는지, 이 네 가지를 자문하는 것만으로도 충분한 출발이 됩니다.

실제로는 이렇게 녹여낼 수 있습니다. 제품의 완료 기준에 접근성을 포함시키고, 화면 하나를 마무리하기 전 반드시 확인할 체크리스트를 공유하는 방식입니다. 디자이너는 색상, 폰트, 상태 표현의 기준을 디자인 시스템에 묶고, 엔지니어는 포커스 이동과 대체 텍스트를 컴포넌트 기본값으로 고정합니다. PM은 사용자 리서치를 할 때 고령 사용자나 보조기기를 쓰는 분들을 인터뷰 대상에 포함시킵니다. 거창한 프로젝트로 만들 필요는 없습니다. "우리의 기본이 이렇다."는 합의만 있어도 속도는 오히려 더 붙습니다. 접근성은 늦게 할수록 비용이 커지고, 초기에 할수록 싸게 해결됩니다.

한국에서 실리콘밸리를 꿈꾸는 분들에게 이 부분은 특히 중요합니다. 디자인 감수성을 단순히 '멋'이나 '예쁨'의 문제로만 생각하지 마시기 바랍니다. 그것은 결국 사용자 경험 전체의 일관성과 신뢰를 만드는 기반입니다. 화면이 아무리 세련돼 보여도 사용자가 원하는 순간에 원하는 행동을 못 한다면 제품은 실패합니다. 반대로 작은 디테일이라도 흐름이 매끄럽고, 누구나 접근할 수 있다면 사용자에게는 '완성된 제품'으로 느껴집니다.

PM의 역할은 바로 여기서 드러납니다. 지금 당장에 마감과 자원을 관리하면서도, 내일을 위한 품질의 씨앗을 제품 안에 심어두는 것. 전략과 전술을 같은 문장 안에 담아내는 것. 디자인 감수성과 접근성을 비용으로 보지 않고, 제품의 속도와 신뢰를 높이는 장치로 바라볼 때, 한국에서든 실리콘밸리에서든 그 경험은 커리어 전체를 지탱하는 자산이 됩니다.

PM에게 마케팅은 선택이 아니라 책임이다

실리콘밸리든 한국이든, 좋은 PM은 자기 제품을 '팔 줄 아는' 사람입니다. 어떤 회사는 PM이 출시 전략과 메시지까지 직접 맡기고, 어떤 회사는 제품 마케팅 전담 조직이 따로 있습니다. 형태는 달라도 본질은 같습니다. 스스로 팔지 못하는 제품이라면, 정작 본인이 그 가치를 충분히 이해하지 못했을 가능성이 큽니다.

결국 마케팅은 사람의 생각을 바꾸는 일입니다. '우리 제품이 더 낫다.'가 아니라 '나에게 지금 필요하다.'로 마음이 움직여야 행동이 바뀝니다. 그러려면 세 가지를 차례로 정확히 해야 합니다. 첫째, 누구의 마음을 바꿀 것인지를 분명히 정하고(대상을 잘못 고르면 시작도 못 합니다), 둘째, 그 사람들이 어떻게 생각하는지 실제 언어와 맥락으로 이해하고(회의실 가설이 아니라 생활 속 문장으로), 셋째, 그 마음을 움직일 수 있는 실행을 창의적으로 설계해야 합니다. 안전하고 무난한 아이디어만 반복하면 '익숙함'은 얻을지 몰라도 '전환'은 얻기 어렵습니다.

대상 정의는 한국 시장과 해외 시장에서 방식이 조금 다릅니다. 한국 B2C 서비스라면 네이버 검색어 · 카페 글 · 앱스토어 리뷰에서 자연어를 긁어 '누가, 언제, 왜 우리를 찾는지'가 비교적 선명하게 드러납니다. 반면 실리콘밸리의 B2B 제품은 '사용자'와 '구매자'가 다른 경우가 많아, 현업 사용자(예: 데이터 애널리스트)와 예산 보유자(예: 팀장 · 임원)를 분리해 파악해야 합니다. 한국에서 준비하실 때는 네이버 포스트 · 브런치 · 당근 커뮤니티 · 회사 블로그(토스 · 카카오처럼)에서 고객 언어를 모으고, 미국 지원을 염두에 둔다면 링크드인 · 레딧 · 프로덕트 헌트 같은 해외 커뮤니티에서 '해외 사용자들이 실제로 쓰는 단어'를 기록해 두시는 게 도움이 됩니다. 이름은 거창할 필요가 없습니다. "이 제품을 왜 쓰나요?" 한 문장 답을 스무 개만 모아도 초기 위치 선정의 80%는 정리됩니다.

고객의 생각을 제대로 이해하려면 거창한 설문조사나 복잡한 리서치가 꼭 필요한 건 아닙니다. 오히려 가까이 있는 자료들이 더 솔직합니다. 예를 들어 카카오톡 상담 채널, 앱스토어 리뷰, 커뮤니티 글만 잘 모아도 고객이 어떤 말투로 불편을 표현하는지, 무엇을 기대하는지가 드러납니다. 중요한 건 이걸 '분석용 문장'으로 바꾸지 않고, 고객이 실제로 쓴 그 표현 그대로 정리해 두는 겁니다. 그래야 회의실에서 팀원들과 논의할 때도 추상적인 가설이 아니라, 살아 있는 고객의 언어로 대화할 수 있습니다.

해외 포지션을 준비하신다면, 링크드인에서 업계 현직자에게 “10분만 시간 내주시면 감사 표시로 커피를 사 드리겠다.”고 정중히 요청해 세 명~다섯 명만 인터뷰해도 톤이 확 달라집니다. 여기서 중요한 것은 시간을 얼마나 썼느냐가 아니라, 상대의 머릿속 지도를 얼마나 정확히 그렸느냐입니다. “우리는 사용자를 안다.”고 말하기 쉽지만, 영업 미팅 몇 번과 회의실 가설만으로는 부족합니다. 실제로 쓰는 표현, 의사결정 기준, 조직 내 설득 포인트까지 메모해 두셔야 합니다.

이해가 충분히 쌓였다면 이제는 실행으로 이어져야 합니다. 여기서 말하는 창의성은 거창한 광고 캠페인을 기획한다는 뜻이 아닙니다. 오히려 한국 환경에서는 짧고 작은 실험을 자주 돌려 보는 것이 더 효과적입니다. 예를 들어 배달 앱에서 신규 기능을 알리고 싶다고 해보겠습니다. “우리 앱이 더 좋아졌습니다.”라는 추상적인 표현보다, “지금 주문하면 20분 안에 도착합니다.”처럼 고객이 바로 이해할 수 있는 문구가 훨씬 효과적입니다. 이런 메시지를 작은 실험처럼 짧게 돌려보면, 굳이 정교한 분할 실험을 하지 않아도 어떤 쪽이 더 반응이 좋은지 충분히 감을 잡을 수 있습니다.

B2B 제품을 마케팅할 때는 제안서 첫 장부터 성과를 주는 것이 중요합니다. 제가 만난 여러 한국 조직에서는 의사결정 과정에서 '상사 설득'과 '내부 리스크 관리'가 큰 비중을 차지하는 경우가 많았습니다. 그래서 문서를 만들 때도 "이 도구를 도입했더니 내부 결재 시간이 25% 줄어들었다."와 같이 시간이나 비용, 리스크를 수치로 보여주는 자료가 특히 효과적이었습니다. 담당자가 상사를 설득하는 데 바로 근거로 쓸 수 있기 때문에 신뢰를 빠르게 쌓는 데 도움이 되었습니다.

반대로 실리콘밸리에서는 발표나 문서를 준비할 때 우선순위가 조금 다르게 흘러갔습니다. 내부 설득보다 '고객이 지금 어떤 문제를 겪고 있고, 우리가 어떻게 해결할 수 있는가.'를 첫 문장에서 명확히 밝히는 경우가 많았습니다. 그리고 그 뒤에는 실제 사례와 숫자로 그 주장을 뒷받침하는 흐름이 반복적으로 보였습니다.

PR과 위기관리도 PM이 손 놓을 수 없는 영역입니다. 큰 개편이나 가격 정책 변경처럼 반발이 예상되는 안건은, '말을 바꾸는 것'보다 '기준을 먼저 공유하는 것'이 더 중요합니다. '왜 바꾸는가, 무엇을 지키려는가, 어디까지는 조정 가능한가.'의 순서로 기준을 공개하고, 초기에는 사용자가 원하면 스스로 원래 상태로 되돌릴 수 있도록 안전장치를 마련해 두는 것이 좋습니다. 한국 사용자층은 변화에 민감하지만, 납득 가능한 이유와 되돌릴 통로가 있으면 수용 속도가 눈에 띄게 빨라집니다. 실리콘밸리에서도 논리는 같습니다. 다만 공지 채널이 회사 블로그, X(트위터)나 Reddit(레딧)으로 바뀔 뿐입니다.

현실적인 채널 운영에 대한 팁도 몇 가지 덧붙이고 싶습니다. 초반부터 유료 광고에 의존하는 것은 좋은 방법이 아닙니다. 메시지와 가설이 충분히 검증되기 전까지는, 검색 노출이나 커뮤니티 활동, 파트너십처럼 느리지만 비용이 적게 드는 채널을 활용해 메시지를 다듬는 것이 현명합니다. 한국에서는 카드사 · 쇼핑몰 · 교육 플랫폼 같은 제휴 노출이 광고비 수백만 원보다 훨씬 큰 효과를 낼 때가 많습니다. 미국을 목표로 할 때도 비슷합니다. 예를 들어 Notion(노션) 템플릿처럼 이미 신뢰받는 도구와 묶어서 노출되는 것만으로도 '믿을 만한 추천'이 됩니다.

무엇보다 중요한 점은, PM의 마케팅은 '조직 내부를 설득하는 일'과 '시장 외부를 설득하는 일'이 동시에 돌아가야 성공한다는 사실입니다. 내부에서는 엔지니어 · 디자이너 · 영업팀이 같은 그림을 보고 움직일 수 있도록, 매주 한 장짜리 요약 문서를 업데이트하는 것이 좋습니다. 외부에서는 고객의 눈높이에 맞춘 문장을 사용하되, 반드시 구체적인 수치를 함께 제시해야 합니다. 예를 들어 "이번 분기 목표는 앱 설치 5만 건이 아니라, '설치 후 7일 내 핵심 기능 사용률 15% 달성'입니다."라는 식으로 말해야 팀 안팎 모두가 같은 목표를 공유할 수 있습니다. 결국 내부와 외부의 언어를 동시에 정리할 수 있는 사람이 제품의 성장을 이끕니다.

마지막으로, 성과가 기대에 미치지 못했을 때는 점검 순서를 분명히 하셔야 합니다. 첫째, 애초에 대상이 잘못된 것은 아닌지, 둘째, 고객을 충분히 이해하지 못한 것은 아닌지, 셋째, 실행 방식이 너무 안전하고 평범했던 것은 아닌지 순서대로 따져봐야 합니다. 많은 팀이 "우리는 다 해봤다."고 말하지만 실제로는 대상을 좁히지 않았거나, 고객의 언어를 자기식으로 바꿔버렸거나, 뻔한 방법만 반복했을 때가 많습니다. 특히 한국에서 준비해 미국 시장에 도전하려는 분들이라면, 이 기본기를 더 단단히 다져 두셔야 합니다. 언어가 달라도 사람의 마음이 움직이는 원리는 같습니다. 누구를 설득할지 명확히 고르고, 그들의 생각을 제대로 이해하고, 일상적인 언어로 용기 있게 실행하는 것, PM에게 마케팅은 선택이 아니라 반드시 감당해야 할 책임입니다.

사용자가 좋아할 만한 제품 만드는 방법

요즘 제품을 다루다 보면 팀이 두 부류로 나뉘는 느낌을 받습니다. 제가 만난 여러 팀은 "사용자가 좋아서 계속 쓰게 만드는 게 결국 승부처다."라고 자연스럽게 받아들이고, 다른 팀들은 "좋은데 지금은 기능 내고 거래 성사시키는 게 먼저다. 시간 없다."라고 반응하곤 했습니다. 여기서 말하는 '좋아 보이게'는 휴대폰을 흔들면 눈송이가 떨어지는 것처럼, 잠깐 재미를 주는 장식 효과가 아닙니다. 제가 현장에서 본 진짜의 '좋음'은 기능적 필요와 감정적 필요를 동시에 충족시키는 능력에 가깝습니다. 인스타그램을 열면 괜히 기분이 가라앉는다고 말하는 분들이 있습니다. 기능은 멀쩡한데 감정이 거부합니다. 반대로 어떤 서비스는 예상치 못한 배려 하나로 마음의 긴장을 순식간에 풀어 줍니다. 한국에서라면 배달 앱에서 라이더가 예기치 않게 배차 취소를 했을 때 환불까지 두 번만 누르면 끝나도록 한 흐름을 떠올려 보시면 됩니다. 원래는 짜증 날 순간인데, '벌써 처리 끝났습니다.'라는 화면을 보는 순간 감정선이 반전됩니다. 그게 사람들이 기억하는 '좋음'입니다.

이걸 체계적으로 만들려면 세 가지 축을 놓치지 않으시면 됩니다. 제가 본 실리콘밸리의 좋은 팀들은 먼저 마찰을 없앱니다. 환불, 취소 문의처럼 원래 감정이 바닥으로 떨어지는 지점을 찾아 한 번에 끝나게 만듭니다. 다음은 필요를 앞질러 줍니다. 예를 들어 해외에 도착하자마자 eSIM을 바로 살 수 있게 금융 앱 안에 심어둔다거나, 출근길에 늘 결제하는 편의점 커피를 한 번에 결제하고 픽업만 하게 해주는 식입니다. 마지막은 기대를 넘어서는 순간을 설계하는 일입니다. 브라우저가 결제창에서 자동으로 쿠폰을 찾아 적용해 주는 경험처럼 '설마 여기까지 해주나?' 싶은 한 끗이 남습니다. 눈에 잘 띄라고 뿌려놓은 색종이 조각 같은 장식이 아니라, 실제로 사용자에게 의미 있는 놀라움이어야 합니다. 어떤 앱에서 내가 오랫동안 참여해 온 기록이나 성과를 축하해 줄 때, 단순히 보여주기 위한 연출이 아니라 '내 노력을 인정해 주는구나.'라는 감정을 느낄 수 있습니다. 그럴 때 사용자는 단순히 재미를 넘어 진짜 동기를 얻게 됩니다.

"B2B에서는 굳이 필요 없지 않느냐."는 질문도 자주 받습니다. 하지만 제가 만나 본 대기업 대상 해결책 팀들도 결국 상대는 '사람'입니다. 업무용 툴이라고 해서 감정이 배제되는 것이 아니라, 오히려 일상에서 자주 쓰이는 만큼 감정이 크게 작동합니다. 예컨대 협업 툴을 생각해 보겠습니다. 기능만 다 맞으면 되지 않느냐고 하시지만, 실제 현장에서는 '내가 이 도구를 쓰면 팀이 더 또렷해진다.'는 자부심, '이 제품이 나를 똑똑하게 만들어 준다.'는 감정이 잔존율과 추천으로 이어졌습니다. 반대로, 부모님을 잃은 사람에게도 무차별적으로 '어버이날에 안부 전하세요.' 푸시를 보내는 식의 연출은 금세 역풍을 맞습니다. 감정은 성과의 동력이 되기도 하고, 위험 요인이 되기도 합니다. 그래서 '좋음'을 설계할 때는 포용을 항상 점검해야 합니다.

방법론은 어렵지 않습니다. 저는 4단계로 정리합니다. 먼저 동기를 파악합니다. 한국 팀들은 고객을 나눌 때 보통 나이, 지역 같은 인구통계적 기준이나 사용 빈도 같은 행동 기준을 많이 활용합니다. 여기에 '왜 이 제품을 쓰는가.'라는 동기를 함께 붙이면 훨씬 더 단단한 분석이 됩니다. 음악 앱이라면 '특정 곡을 찾는다.' 같은 기능 동기와 '기분을 바꾸고 싶다.' '혼자여서 적적하다.' 같은 감정 동기를 함께 적어 둡니다. 두 번째로 그 동기를 기회로 바꿉니다. "어떻게 하면 기분 전환을 돕지?" 같은 질문으로 제품 기회를 정의합니다. 세 번째 단계에서는 마련한 아이디어들을 기준표에 하나씩 올려놓고 살펴봅니다. 오직 감정만 건드리는 얕은 즐거움, 기능만 해결하는 낮은 즐거움, 두 축을 동시에 잡는 깊은 즐거움이 보이기 시작합니다. 제가 여러 팀에서 본 우수한 사례는 대개 세 번째에 모였습니다. 마지막은 체크리스트입니다. 사용자 성과, 비즈니스 성과, 실행 가능성, 친숙함, 포용성, 장기 유지 계획을 하나씩 대조합니다. 처음엔 놀랍던 연출도 사람은 금세 익숙해집니다. 그래서 좋은 팀들은 서서히 진화합니다. 흐림 배경에서 정적 이미지, 영상 배경, 몰입형 배경, 생성형 배경으로 한 단계씩 높여 가는 식입니다. 놀람을 지속시키는 계획이 있어야 합니다.

"우선순위를 어떻게 잡아야 하냐는 질문을 자주 받습니다. 저는 이렇게 말씀드립니다. 즐거움과 기능을 따로 저울질하지 말고, 기능 안에서 즐거움을 찾아야 합니다. 제가 제품 계획을 세울 때는 대략 절반은 안정성과 성능 개선에, 40%는 기능과 감정을 동시에 충족시키는 깊은 즐거움에, 나머지 10%는 상징적이지만 기분 좋은 작은 즐거움에 씁니다." 한국 조직에서 자주 본 패턴은 성과 압박이 높아질수록 전부 첫 번째 바구니로 쏠린다는 점입니다. 실리콘밸리 팀들은 불가피한 인프라 작업을 하면서도 한두 군데 경험의 산소를 꼭 넣어둡니다. 그러면 같은 기능 개선도 체감이 다릅니다.

리더를 설득할 때는 논쟁으로는 잘 풀리지 않는 경우가 많습니다. 제가 함께했던 한 창업자는 "우리 고객이 이 제품을 쓰는 걸 자랑스러워할까?"라는 질문에서 출발했습니다. 자부심은 강력한 감정적 동기이고, 그 감정이 생기면 추천과 구전으로 이어집니다. 그래서 그는 회사의 최우선 목표를 고객이 느끼는 감정적 가치와 연결하는

데 집중했습니다. 매출, 재방문, 전환 같은 숫자 언어로 풀어 말하면 동료들의 방어심이 내려갑니다. '좋음을 해야 한다.'가 아니라 '환불 흐름을 줄이면 NPS가 몇 점 오르고, 상담 비용이 얼마만큼 절감된다.'가 됩니다.

한국에서 실무로 옮길 때는 예시도 한국의 맥락으로 바꾸면 훨씬 빠르게 공감이 생깁니다. 예를 들어 전자상거래라면 새벽 배송 약속이 어그러졌을 때 환불과 보상 선택지가 한 화면에 보이게 하거나, 다음 주문에서 자동 적용되도록 안내를 미리 띄웁니다. 금융이라면 해외 결제 알림과 함께 실시간 환율 정보를 곁들여 불안감을 낮춥니다. 협업 툴이라면 회의록을 공유할 때 읽는 사람 입장에서 핵심을 먼저 보여주고, 자동 요약이 팀의 말투를 배우도록 학습시켜 친숙함을 높입니다. 브라우저나 메신저처럼 생활 밀착 제품은 사람들이 미묘하게 부끄러움을 느끼는 지점까지 관찰해야 합니다. 많은 분들이 탭을 닫지 못하는 건 게으름이 아니라 나름의 기억 관리 방식이기 때문입니다. 그래서 아예 오래 안 본 탭을 안전한 공간으로 옮겨 두고, 필요할 때 쉽게 돌아오게 하면 기능과 감정이 함께 해결됩니다. 메시지에서 손들기나 엄지 이모지를 넣는 것도 같은 맥락입니다. 발언권을 끊지 않고도 존재감을 드러낼 수 있게 해주니, 참여할 마음이 살아납니다.

마지막으로, 한국과 실리콘밸리를 비교할 때 단정은 피하는 게 좋습니다. 제가 만난 여러 한국 팀들은 실행력이 빠르고 자료를 촘촘히 모으는 데 강했고, 실리콘밸리 팀들은 같은 자료를 두세 개의 선택지로 과감히 줄여 팀의 에너지를 한쪽으로 모으는 장면이 더 자주 보였습니다. 두 문화 중 하나가 옳다는 얘기가 아닙니다. 서로의 장점을 잇는 순간, 언어의 허들은 훨씬 낮아집니다. 문제를 날카롭게 정의하고, 감정과 기능을 함께 보는 눈을 기르면 한국에서 온 PM이 실리콘밸리에서 통하지 않을 이유가 없습니다. 실제로 저는 그런 분들이 신뢰를 쌓아 조직의 중심으로 들어가는 모습을 여러 번 보았습니다. 시작은 어렵지 않습니다. 바로 다음 개발 주기에서 단 한 곳, 사용자의 감정이 꺾이는 지점을 찾아 없애보십시오. 그 작은 경험이 팀을 설득하고, 팀의 설득이 제품을 바꿉니다. 그리고 그 변화는 크지 않아 보여도 오래갑니다.

Part 3.

문제의식과 출발

왜 한국인 PM은 드문가

이 책을 집필하며 저는 구글, 메타, 애플, 아마존 등 글로벌 테크 기업에서 일하는 수백 명의 한국인 종사자들에게 물어보았습니다.

"왜 PM을 선택하지 않았습니까?" 혹은 "왜 PM이라는 길을 고민조차 하지 않았습니까?"

답변은 다양했습니다. 어떤 분들은 단순히 코딩이 즐겁고 엔지니어로서의 길이 잘 맞는다고 했습니다. 또 어떤 분들은 혼자 몰입해 일하는 방식을 선호한다고 했습니다. 물론 엔지니어 역시 커뮤니케이션 능력이 필요하지만, PM이 요구하는 수준의 강도와 빈도는 아니기에 충분히 이해할 만한 선택이기도 했습니다.

하지만 더 인상 깊었던 점은, 많은 분들이 애초에 PM이라는 경로를 진지하게 고려해 본 적이 없다는 사실이었습니다. 실제로 엔지니어와 PM의 비율은 대략 10:1 정도로 알려져 있습니다. 단순히 숫자만 보더라도 같은 회사 안에서 PM을 찾기가 어려운 것은 사실입니다.

그렇다고 해서 한국인에게 PM이라는 길이 닫혀 있는 것은 아닙니다. 한국 테크 기업 안에도 이미 탁월한 역량을 발휘하는 PM들이 많습니다. 이들의 치열함과 성과는 미국의 실리콘밸리와 비교해도 결코 뒤지지 않습니다. 다만 상대적으로 PM이라는 경로에 도전하는 한국인이 아직 적기 때문에, 드물게 보일 뿐입니다. 즉, 능력이 없어서가 아니라 선택과 시도가 적었을 뿐이라는 것입니다.

실제로 제가 겪은 사례가 있습니다. 예전에 팀에서 새로운 PM을 채용하기 위해 이력서를 검토하던 중, 한국 대기업에서 임원으로 근무하던 분의 지원서를 보게 되었습니다. 직급만 보면 저희 포지션과는 맞지 않았기에 곧바로 거절하려 했습니다. 하지만 짧게 통화해 보니 "PM이라는 직무를 정확히 알지는 못하지만, 지금 하는 일이 유사해 보여 지원했다."라는 이야기를 들었습니다. 그때 깨달았습니다. 한국에도 이미 'PM'이라는 타이틀은 없지만, 실제로 PM과 다름없는 일을 성공적으로 수행하고 있는 분들이 많다는 사실을.

제가 개인적으로 경험한 바에 따르면, 한국인들은 대체로 성실하고 뛰어난 역량을 지녔습니다. 다만 때로는 자기 성과를 드러내고, 그 가치를 명확하게 전달하는 부분에서 어려움을 겪는 경우가 있었습니다. 예를 들어, 제가 함께 일했던 어떤 동료는 누구보다 긴 시간 일하고 좋은 결과물을 만들어 냈음에도 불구하고, 경력 성장을 더디게 겪었습니다. 이유는 단순했습니다. 본인의 성과를 제대로 알리지 못했고, 팀 안에서 목소리를 낼 기회를 놓쳤기 때문입니다.

PM에게는 이 부분이 특히 중요합니다. 단순히 일을 잘하는 것만으로는 부족합니다. 내가 무엇을 책임지고 있는지, 어떤 가치를 만들고 있는지를 명확히 표현해야 신뢰와 존중을 얻을 수 있습니다. 한국 문화 속에서 조용히 성과를 내는 태도가 미덕으로 여겨질 수 있지만, 실리콘밸리에서는 스스로를 드러내는 일이 곧 인정으로 이어집니다.

2010년 중반 한국의 한 대기업에서는 특정 임원이 방문할 때 직원들에게 '눈을 마주치지 말라.'는 안내가 내려오는 경우가 있었습니다. 지금 들으면 우스꽝스럽게 느껴지지만, 당시에는 실제로 그런 분위기가 존재했습니다.

실리콘밸리에서는 이런 장면을 상상하기 어렵습니다. 물론 모든 한국 기업이 그렇다는 것은 아닙니다. 오히려 요즘 IT 기업들은 직급 대신 "○○님."이라고 부르며 수평적인 문화를 도입하기도 합니다. 하지만 여전히 많은 한국 직장인들이 '윗사람 앞에서는 조심해야 한다.'는 보이지 않는 긴장 속에서 일하고 있습니다.

반면 실리콘밸리의 분위기는 훨씬 개방적입니다. 주니어 직원이라 하더라도 자신의 생각을 말할 기회가 자주 주어집니다. 물론 첫 출근 날 곧바로 CEO에게 메시지를 보내라는 뜻은 아닙니다. 다만 '내가 이런 의견을 말해도 될까?'라는 주저함이 훨씬 적습니다. 신입 PM이라도 합리적인 근거와 맥락이 있다면 팀 리더나 임원에게 직접 의견을 전달하는 것이 자연스럽게 받아들여집니다.

한국인들에게 이 부분이 특히 중요합니다. 우리는 오랫동안 '눈치 보기' 문화 속에서 살아왔습니다. 혹시 잘못 보일까 조심하다가, 오히려 아무런 존재감도 드러내지 못하는 경우가 많습니다. 하지만 실리콘밸리에서는 적극적으로 질문하고, 필요할 때 도움을 요청하고, 자신의 의견을 분명히 밝히는 사람이 신뢰를 얻습니다.

저는 아직까지 "주니어가 윗사람에게 메시지를 보낸 게 문제였다."는 이야기를 들어본 적이 없습니다. 오히려 "주도적이고 열정적이다."라는 평가를 받는 경우가 훨씬 많았습니다. 물론 여기서 중요한 것은 억지로 보여주기 위한 행동이 아니라, 진정성이 담긴 태도라는 점입니다. 실리콘밸리의 장점은 누구나 의견을 내고 대화를 시작할 수 있다는 데 있습니다. 한국 문화의 장점인 세심함과 배려심은 그대로 살리되, 글로벌 무대에서는 조금 더 용기를 내어 다가가 보시기를 권합니다. 작은 차이가 커리어의 큰 변화를 만들어 낼 수 있습니다.

결국 제가 드리고 싶은 메시지는 단순합니다. 한국인 PM이 드문 이유는 능력이나 자질이 부족해서가 아니라, 상대적으로 도전한 사람이 적었기 때문입니다. 그렇기에 더 많은 한국인 PM이 나와도 전혀 이상할 것이 없습니다. 오히려 충분히 가능성이 있고, 조금만 준비와 도움을 받는다면 누구든 성공할 수 있습니다. 이 책을 통해 그 길을 함께 열어가고 싶습니다.

한국과 실리콘밸리, PM 정의의 간극

한국에서 'PM'이라는 직함을 가진 사람을 만나보면, 실리콘밸리에서 제가 알고 있는 Product Manager와는 전혀 다른 모습일 때가 많습니다. 실리콘밸리의 PM들은 특정 기능이나 화면 설계를 넘어, 맡은 제품이 성공할 때까지 책임을 지는 사람들입니다. 데이터를 직접 뜯어보기도 하고, 필요한 사람을 찾아 설득하기도 하며, 때로는 잡다한 일까지 도맡아 하면서 팀이 집중할 수 있는 환경을 만들어 냅니다. 엔지니어들이 불필요한 외부 간섭에 방해받지 않도록 일종의 방패 역할을 하기도 합니다. 그래서 흔히 'PM은 그 제품의 CEO'라는 말이 따라붙습니다. 권한은 제한적이지만, 책임감과 오너십만큼은 CEO 못지않습니다.

반면 한국에서는 PM이 '제품의 주인'이라기보다는 '기획자'에 가깝게 정의되는 경우가 많습니다. 서비스 화면의 UX 흐름을 설계하고, 엔지니어가 구현하기 쉽게 상세 스펙을 작성하는 역할을 맡습니다. 조직에 따라서는 아예 스크럼 마스터나 애자일 코치처럼 일정 관리와 진행 체크에 더 가까운 일을 하는 경우도 있습니다. 그러다 보니 PM이라는 직무가 본질적으로 제품의 방향을 결정하고 의사결정을 주도한다는 이미지보다는, 누군가의 결정을 구체화해 실행하는 보조 역할로 인식되는 경우가 많습니다.

실제로 한국 시장에서는 같은 PM 채용 공고라도, 공고에 적힌 직무 설명에 따라 맡게 되는 일이 제각각입니다. 어떤 회사에서는 기획자와 동일시되고, 다른 회사에서는 운영자나 프로젝트 매니저 성격이 강하게 드러나기도 합니다. 이 때문에 한국에서 경력을 쌓은 PM이 실리콘밸리에 와서 "내가 아는 PM과 왜 이렇게 다르지?" 하는 혼란을 겪기도 합니다.

재미있는 점은, 이런 혼란 속에서 일부 기업은 아예 PM이라는 직함을 쓰지 않고 PO(Product Owner)라는 이름을 도입했다는 것입니다. 쿠팡이 대표적인 예인데, 이미 'PM'이라는 용어가 한국에서 기획자와 비슷한 뜻으로 굳어져 버렸다고 판단했기 때문일 것입니다. 토스 역시 PM과 PO를 구분해 역할을 정의한 사례가 있습니다. 토스 블로그에 따르면, PO는 새로운 혁신을 0에서 1로 만드는 역할을, PM은 이미 궤도에 오른 제품을 1에서 100으로 성장시키는 역할을 맡습니다. 즉, PO는 실험과 창의적 시도로 시장의 잠재 고객을 발견

하는 반면, PM은 지금의 고객 경험을 개선하고 제품을 안정화하며 더 많은 사용자에게 가치를 확산시키는 책임을 집니다.

이렇게 보면 한국에서도 점차 PM/PO 체계가 구체화 되는 과도기적 상황이라 할 수 있습니다. 다만 여전히 많은 조직에서는 의사결정 권한이 경영진에게 집중되어 있고, PM이 그 빈틈을 메우기보다는 실행 설계에 치중하는 경우가 많습니다. 그래서 한국의 PM들은 스스로를 '서비스 기획자'로 소개하는 경우가 많고, 업계 전반에서도 'PM = 기획자'라는 등식이 어느 정도 굳어져 있습니다.

그렇다면 한국 PM의 역할은 잘못된 것일까요? 꼭 그렇지는 않습니다. 중요한 건 이름이 아니라 실질적 역할과 책임의 범위입니다. 다만 실리콘밸리 PM을 꿈꾸는 분들이라면, 한국에서 경험한 PM의 역할이 미국에서 기대되는 PM의 역할과 다를 수 있다는 점을 반드시 인지해야 합니다. 미국에서의 PM은 제품의 방향성과 비전을 책임지는 자리이며, 팀과 조직을 조율하는 리더십을 전제로 합니다. 반대로 한국식 PM 경험은 화면 기획과 스펙 작성에 치중할 수 있으므로, 이를 그대로 가져가면 '실리콘밸리형 PM'과는 간극이 발생할 수 있습니다.

결국 한국에서 PM이라는 타이틀이 혼란스러운 이유는, 각 회사가 처한 환경과 문화, 그리고 제품의 성숙도에 따라 역할 정의가 다르기 때문입니다. 하지만 분명한 건, 점점 더 많은 기업들이 글로벌 스탠더드에 가까운 PM 정의를 받아들이고 있다는 사실입니다. 토스처럼 PO와 PM을 나눠 혁신과 안정화를 각각 맡기는 구조도 생겨나고 있고, 일부 스타트업에서는 실리콘밸리식 PM을 영입해 조직문화 자체를 바꾸려는 시도도 하고 있습니다.

앞으로 한국의 PM이 '기획자'의 틀을 넘어, 진정한 제품 책임자로서 자리 잡는 날이 올지도 모릅니다. 다만 실리콘밸리를 목표로 하는 분들이라면, 지금 본인이 하고 있는 PM의 역할이 어디까지 확장 가능한지, 글로벌 무대에서 요구하는 PM의 정의와 얼마나 차이가 있는지를 먼저 냉정하게 파악하는 것이 필요합니다. 그래야만 '이름은 같지만 다른 역할'이라는 혼란에서 벗어나, 국제적으로 통용되는 PM의 커리어를 준비할 수 있을 것입니다.

Part 4.

PM의 시작과 변화

첫 미팅 좌절담/불안과 자격지심, 극복의 첫 시도

저는 첫 직장에서 연봉 2억 원을 받으며 PM으로 일을 시작했습니다. 당시에 숫자만 보면 굉장히 큰 책임을 맡은 사람처럼 보였지만, 실제로는 아무것도 모르는 상태였습니다. 수백만 달러 규모의 제품을 담당하며 엔지니어와 디자이너들에게 무엇을 만들어야 하는지 설명해야 했지만, 어떻게 요구사항을 써야 하는지조차 제대로 알지 못했습니다.

첫 회의에서 엔지니어들과 매니저들 앞에 섰을 때, 저는 준비한 문서를 그대로 읽어 내려갔습니다. 에너지도 없었고, 전략도 없었고, 이야기를 풀어내는 힘도 없었습니다. 더 놀라운 것은, 그 자리에서 아무도 피드백을 주지 않았다는 사실입니다. 회의는 그냥 지나갔고, 프로젝트는 어찌어찌 진행되었습니다. 뒤돌아보면 형편없는 발표였지만, 당시에는 그것이 최선이었습니다. 시간이 지나고 나서야 깨달았습니다. 이 일을 배우는 가장 확실한 방법은 책을 읽는 것도, 강의를 듣는 것도 아니라 그냥 부딪혀 보는 것뿐이라는 사실을요.

처음부터 잘할 수는 없습니다. PM이든 아니든 상관없이, 직접 문서를 써보고, 전략을 정리해 보고, 동료들과 공유해 보면서 조금씩 몸으로 익히는 수밖에 없습니다. 처음에는 서툴고 어색하겠지만, 그 과정을 반복하다 보면 어느 순간 말하기가 편해지고, 스토리텔링이 매끄러워지고, 팀을 설득하는 힘이 자라납니다. PM에는 정해진 전공도, 완벽한 교과서도 없습니다. MBA 같은 과정이 가장 가까운 교육이라 할 수 있겠지만, 결국 가장 큰 배움은 현장에서의 경험과 관찰에서 나옵니다. 저보다 뛰어난 선배 PM들을 옆에서 지켜보고, 그들의 방식을 흡수하며 성장했던 경험이 큰 도움이 되었습니다.

새로운 자리에 오르면 누구나 한 번쯤은 불안과 자격지심을 느낍니다. 저 역시 '내가 정말 이 자리에 있어도 되는 걸까?'라는 의심에 시달리곤 했습니다. 시간이 지나면서 알게 된 사실은, 이런 감정이 결코 저만의 문제가 아니라는 점입니다.

경우를 나눠 보면 두 가지였습니다. 하나는 제가 충분히 역량이 있어 선택된 경우입니다. 이때는 불안할 이유가 없습니다. 능력이 있어 맡겨진 자리기 때문입니다. 또 다른 경우는 제가 가장 뛰어난 사람은 아닐지라도, 조직이 제게 기회를 주고 믿음을 실어준 경우입니다. 이 역시 부끄러워할 이유는 없습니다. 자격지심이 들더라도, 오히려 그 감정이 저를 더 열심히 배우고 성장하게 만드는 원동력이 되었습니다.

제가 존경했던 몇몇 뛰어난 리더들은 자신의 부족한 부분을 숨기지 않았습니다. 오히려 팀원들에게 "이 부분은 당신이 저보다 더 잘하니 주도해 주시면 좋겠습니다."라고 솔직하게 말했습니다. 그 순간 팀원들은 오히려 더 큰 동기부여를 얻었고, 스스로 주인의식을 가지게 되었습니다. 물론 이런 태도가 가능하려면 기본적으로 신뢰가 높은 환경이 전제되어야 합니다. 하지만 실리콘밸리의 많은 팀은 동료 간 신뢰를 기반으로 움직이기 때문에, 오히려 이런 투명함이 존경으로 이어지는 경우가 많습니다.

결국 중요한 것은 첫발을 내딛는 것입니다. 두렵고 서툴더라도 시도해야 합니다. 실수하고, 배우고, 개선하는 과정을 거치면서 조금씩 나아집니다. 그리고 어느 순간, 이 자리에 있는 것이 결코 우연이 아니라는 사실을 깨닫게 됩니다. 부족함을 인정하는 용기, 그리고 작은 시도를 이어가는 꾸준함. 그것이야말로 PM으로 성장하는 가장 현실적이고 확실한 방법입니다.

실패만이 답은 아니다

많은 사람들이 "실패를 통해서 배우라.", "실패는 성공의 어머니"라는 말을 합니다. 틀린 말은 아니지만, PM이라는 직무에 그대로 적용하기에는 위험한 조언입니다. 실제로는 실패가 아닌 다른 방법으로도 훨씬 더 효과적으로 배울 수 있기 때문입니다.

실제로 현장에서 경험해 보시면 알 수 있습니다. 물론 일을 하면서 직접 부딪히고 깨지는 과정에서 배우는 것이 있습니다. 그러나 이미 기본 역량을 갖춘, 더 멀리 가고 싶은 사람들에게는 그 방식만으로는 충분하지 않습니다. 그리고 무엇보다도 실패에는 비용이 따른다는 사실을 간과해서는 안 됩니다. 저도 처음 PM 일을 시작했을 때 저도 똑같은 실수를 한 적이 있습니다. 제품 요구사항을 정리하면서 빠뜨리기 쉬운 예외 상황을 놓쳤는데, 그 결과 개발자들이 이미 구현한 기능을 다시 뜯어고쳐야 했습니다. 당연히 일정은 밀리고, 팀 분위기도 좋지 않았습니다. 저는 속으로 '다음에는 이런 실수를 하지 말아야지.' 하고 다짐했지만, 지금 돌이켜 보면 애초에 조금만 더 꼼꼼하게 준비했다면 그 실패 자체를 막을 수 있었던 겁니다. 그때 배운 교훈은, 내 학습의 대가가 단순히 내 실수가 아니라 팀 전체의 시간과 사기였다는 사실이었습니다.

학습은 결국 내가 이루고 싶은 목표를 향해 나아가기 위한 수단입니다. 그런데 사람들은 종종 엉뚱한 이유로 학습의 기회를 스스로 좁히곤 합니다. "이 강의는 강사가 마음에 안 들어서 안 들어.", "이건 내가 선호하지 않는 회사 사례니까 필요 없어."라며 배움 자체를 거부하는 경우가 그렇습니다. 반대로 "나는 평생 학습자야."라는 정체성에 집착해 끊임없이 배우기만 하고, 정작 배운 것을 현실에서 시험해 보거나 실행에 옮기지 않는 것도 함정이 될 수 있습니다. 공부라는 이름으로 도전을 미루고, 실제 행동을 회피하는 셈입니다.

여기서 중요한 것은 무엇을 배우느냐입니다. 스스로 즐겁고 영감을 주는 자료만 붙잡으면, 정작 지금 필요한 학습을 놓칠 수 있습니다. 예컨대 감동적인 강연을 듣거나 자극적인 스타트업 성공기를 읽는 것이 재미있을 수는 있지만, 그것이 곧바로 PM으로서의 실질적인 역량을 키워주지는 않습니다. 때로는 피하고 싶은 건조한 문서, 차갑게 느껴지는 데이터, 반복적인 연습에서 더 많은 배움이 나옵니다.

다시 말해, 실패로부터 배우는 것은 분명 의미가 있습니다. 하지만 실패를 주된 학습 방법으로 삼는 것은 지나치게 값비싼 방식입니다. 굳이 비용을 치르지 않아도 되는 배움이 많습니다. 선배나 동료의 실수를 관찰하고, 이미 정리된 사례를 연구하며, 의도적으로 자신의 약점을 보완하는 훈련을 하는 것이 훨씬 효율적입니다.

한국에서 실리콘밸리를 꿈꾸는 분들이라면 이 점을 더욱 새겨야 합니다. 그곳에서는 한 번의 실패가 단순히 개인의 학습이 아니라, 팀 전체와 회사 차원의 손실로 이어집니다. 실패를 자랑처럼 내세우는 태도보다, 실패를 예방할 만큼 철저히 준비하고, 그 과정에서 배우는 사람이 더 오래 신뢰받습니다.

결국 학습은 실패에만 의존하는 것이 아니라, 실패를 최소화하면서도 꾸준히 성장할 수 있는 방법을 찾는 데 있습니다. 실패는 배움의 한 경로일 뿐, 유일한 길은 아닙니다.

PM 역할의 진화

PM 역할은 지금 이 순간에도 바뀌고 있습니다. 제가 처음 PM 일을 시작했을 때만 해도 '관리→기획→개발→출시'가 비교적 분명한 흐름이었지만, 지금은 AI 도구의 확산, 원격 · 분산 협업의 상수화, 그리고 조직의 중간관리층이 얇아지는 움직임까지 겹치면서, 한 사람이 맡아야 할 깊이와 폭이 동시에 커졌습니다. 한국에서 실리콘밸리 PM을 목표로 하신다면, 이 변화를 '위기'가 아니라 '역할의 재설계'로 받아들이시는 게 좋습니다. 요지는 단순합니다. 예전처럼 '요구사항을 모아 정리하는 사람'이 아니라, 도구를 잘 쓰고(특히 AI), 맥락을 스스로 모으고, 전략과 실행 사이를 빠르게 오가며 결과를 만드는 사람에게 기회가 몰린다는 사실입니다.

먼저 조직 구조의 변화부터 보겠습니다. 예전에는 'PM→리드→디렉터→VP'처럼 층층이 승인과 조율이 필요했습니다. 지금은 낮은 레벨의 반복 업무가 자동화되면서 각 개인이 만들어 내는 산출물이 눈에 띄게 많아졌고, 그만큼 중간에서 체크만 하던 역할의 필요성이 줄어들고 있습니다. 실리콘밸리 여러 회사가 '관리 인력의 최적 비율'을 다시 계산하고 있고, 동시에 개별 IC(개발/디자인 못지않게 '개별 기여자'인 PM) 트랙을 끝까지 열어두는 추세입니다. '팀장이 되어야 성장한다.'는 관성에서 벗어나, 심층 문제를 끝까지 파고드는 '슈퍼 IC'가 승진과 보상에서 충분히 인정받는 길이 열리고 있습니다. 한국에서 오실 분들께는 오히려 호재입니다. 직함을 쫓기보다, 복잡한 문제를 본인이 직접 정의하고 풀어낸 사례를 쌓아야 미국 시장에서 통합니다.

PM 역할이 빠르게 변하면서 가장 중요한 역량 중 하나는 상황에 따라 시야를 조절하는 능력입니다. 큰 그림을 보고 전략을 세우는 일과, 현장에서 직접 제품을 만져보는 일, 그리고 디테일에 들어가 문제를 해결하는 일이 모두 필요합니다. 다시 말해 '고도 비행과 저공비행을 자유롭게 오가는 태도'가 필수적입니다. 먼저 높은 시야에서 '왜 지금 이 문제를 풀어야 하는가.'라는 방향을 잡고, 곧바로 현장으로 내려와 화면과 흐름을 직접 확인하며 사용자가 실제로 경험하는 순간을 살펴봅니다. 필요하다면 아주 낮은 단계까지 내려가 버그를 재현하거나 로그와 데이터를 보면서 원인을 추적하는 것도 마다하지 않아야 합니다. 예전에는 이 전환이 느리고 비용이 컸습니다. 이제는 협업 디자인 도구와 테스트 빌드 환경, 자동 요약 · 검색

이 되는 사내 메신저, 회의 내용을 바로 글로 바꿔주는 음성 메모 등 덕분에 시간 비용이 크게 줄었습니다. 구체적으로는 회의가 끝나자마자 1분짜리 음성 메모로 '결정 사항 · 남은 숙제 · 다음 책임자'만 또렷하게 남기고, 메신저의 자동 전사 기능으로 텍스트를 공유하는 식입니다. 불필요한 회의는 설명 영상을 돌리고 댓글로 합의합니다. 문서는 길게 쓰는 대신 '두 쪽 전략 요약'으로 충분합니다. 문제 정의, 대상 고객, 성공 지표, 하지 않을 것, 이 네 가지만 분명하면 팀은 움직입니다. 제품 요구사항 문서(PRD)를 아예 없애라는 뜻이 아닙니다. 글 자체보다 '팀이 같은 그림을 보게 하는 시각 자료'가 훨씬 빠르게 먹히는 환경이 되었으니, 화면 흐름과 간단한 메모를 한 화면에 붙여 '살아 있는 기준점'을 만들자는 뜻입니다.

저 역시 처음 일할 때 가장 크게 느낀 건 '직함이나 연차보다 결과가 말한다.'는 점이었습니다. 한국에서는 문서와 보고 체계가 강조된다고 들었다면, 실리콘밸리에서는 2주 안에 측정 가능한 실험을 내놓는 사람이 더 인정받았습니다. 그래서 긴 기획안을 다듬는 대신, 화면 흐름과 간단한 메모를 한 장에 붙여 팀과 공유하는 방식을 택했습니다. 시행착오는 있었지만, 곧 방법을 찾았습니다. 팀 전체가 같은 그림을 공유해야만 엔지니어, 디자이너, 영업까지도 빠르게 합의에 도달할 수 있었습니다.

AI는 '대체'가 아니라 '증폭'입니다. 경쟁력은 생성형 도구로 초안을 10배 빨리 뽑아내고, 데이터 요약과 경쟁 분석을 한 시간 안에 정리하며, 고객 인터뷰 녹취를 자동 분석해 패턴을 뽑아내는 능력에서 갈립니다. 다만 마지막 10%, 맥락을 붙이고, 표현의 호흡을 맞추고, 의사결정의 책임을 지는 일은 사람의 몫입니다. 한국에서 자주 보던 '완벽한 문서가 아니면 공유하지 않기.' 습관은 내려놓으셔도 됩니다. 실리콘밸리에서는 '초안 공유, 빠른 수정, 짧은 실험'의 속도가 품질의 절반입니다. 초안 부끄러움이 빠른 학습을 가로막습니다.

커리어 역시 제품처럼 다루셔야 합니다. 저도 한때는 '다음은 매니저가 되어야지.'라는 자동 목표를 세웠다가 금세 번아웃을 경험했습니다. 그때 도움 됐던 건 자기 자신을 제품의 '사용자'로 인터뷰해 보는 일이었습니다. 어떤 일을 할 때 에너지가 생기고, 어떤 상황에서 지치는지, 모호함 속에서 길을 찾는 걸 즐기는지, 아니면 장인처럼 한 우물을 깊게 파는 걸 좋아하는지 솔직히 적어 보았습니다. 그렇게 정리하니, 커리어의 청사진도 여러 갈래로 그릴 수 있었습니다. 저는 제약이 전혀 없는 이상적인 시나리오와, 현재 자리에서 1년,~3년 안에 실현 가능한 계획을 나란히 그려보았습니다. 중요한 건 '계획표' 자체가 아니라, 내가 어떤 원칙으로 일하고 어떤 방식으로 결과물을 만들어 낼지 스스로 분명히 해두는 일이었습니다.

전문화와 범용성의 균형도 솔직해야 합니다. 채용 시장은 분명히 '깊이'에 프리미엄을 줍니다. 결제 · 머신러닝 · 크리에이터 생태계 ·

보안 · 광고 수익화처럼 도메인 한두 개는 '실전 결과로 말할 수 있을 정도'로 파두시는 게 좋습니다. 다만 한국에서 쌓은 경험을 그대로 가져와도 충분히 통합니다. 예를 들어 카드 혜택, 송금, 본인인증, 대규모 고객센터 운영, 규제 대응 같은 주제는 미국 팀에도 즉시 유효합니다. 실제 면접과 협상 자리에서는 '첫 90일에 내가 이 도메인에서 어떤 결과를 만들지.'를 한 장으로 설명하시면 됩니다. 한국식으로 과하게 화려한 문구는 필요 없습니다. 문제, 접근, 예상 지표만 명료하면 됩니다.

마지막으로, PM 역할의 진화는 '조직을 설득하는 일'과 '시장을 설득하는 일'이 하나로 붙는 방향입니다. 내부에서는 엔지니어 · 디자이너 · 영업이 같은 문장을 공유하게 만들고, 외부에서는 고객이 쓰는 언어로, 숫자 한 줄을 곁들여 말하는 사람이 주도권을 잡습니다. 제가 드릴 수 있는 조언을 굳이 한 줄로 정리하자면 다음과 같습니다. 도구는 아낌없이 활용하고, 결과물은 간결하게 다듬으며, 전략과 실행의 거리를 자유롭게 넘나들어야 합니다. 무엇보다 자신이 열정을 쏟을 수 있는 문제에서 분명한 성과를 내는 습관을 가져야 합니다. 그런 습관을 가진 PM이라면, AI가 세상을 어떻게 흔들어 놓더라도 언제나 필요한 사람으로 자리할 수 있습니다.

AI와 함께 달라지는 PM의 일

얼마 전 한 콘퍼런스에서 흥미로운 발표를 들은 적이 있습니다. 강연의 첫 문장은 의외였습니다. "앞으로 PM이라는 역할은 사라질지도 모릅니다." 객석이 순간 술렁였는데, 단순한 도발은 아니었습니다. 그가 강조한 건 AI가 이미 PM의 일을 바꾸고 있다는 사실이었습니다. 불과 얼마 전만 해도 고객을 만나 기록을 정리하고, 팀과 토론을 거듭해 전략 문서를 만드는 데 몇 주가 들었습니다. 지금은 출근길에 음성 메모로 생각을 흘려보내면 AI가 초안을 내놓고, 저녁쯤이면 한 편의 전략이 눈앞에 펼쳐집니다. 달라진 건 속도만이 아닙니다. 사람이 직접 붙들고 씨름하던 일이 바뀌고 있다는 점입니다. 문서 초안, 회의 기록 정리, 경쟁사 동향 묶기, 고객 의견 분류 같은 반복 작업은 도구에 맡기고, 사람은 무엇을 풀지 정하는 일과 팀을 움직이는 일에 더 오래 머무르게 됩니다.

저는 이런 변화를 보면서 PM의 역할이 약해지는 것이 아니라, 오히려 본질이 더 선명해진다고 생각합니다. 그래서 저는 스스로에게 자주 묻습니다. '지금 내가 하고 있는 일을 AI가 대신할 수 있을까?' 문서 초안은 말로 불러주면 금세 정리되고, 인터뷰 기록은 음성을 올려두면 알아서 글로 바뀌며, 회의 내용도 자동으로 요약해 줍니다. 그렇게 확보한 시간은 다시 문제의 핵심을 짚고, 여러 선택지 중 꼭 필요한 것만 남기며, 팀이 한 방향으로 달려갈 수 있도록 이끄는 데 쓰입니다.

물론 자동화만으로 좋은 제품이 나오진 않습니다. 요즘 같은 시기일수록 '먼저 만들어 보고 판단하자.'는 태도가 중요해집니다. 머릿속 설명을 길게 늘어놓기보다, 하루 만에라도 돌아가는 시제품을 보여주고 이야기해야 합니다. 대화로만 합의한 계획표보다, 손에 잡히는 시연 하나가 더 큰 속도로 팀을 움직입니다.

물론 PM이 새로운 도구를 활용해 빠르게 결과물을 만들어 내는 사람이 늘어나면서 한 가지 위험도 함께 커집니다. 아이디어는 쏟아지는데, 이를 고르는 눈과 기준이 부족하면 여러 조각을 억지로 이어 붙인 것처럼 산만한 결과가 나오기 쉽습니다. 그래서 PM의 역할은 단순히 만드는 사람이 아니라, 오히려 '좋은 것을 가려내는 사람'에 가깝습니다. 수많은 초안과 시제품 중에서 지금 고객에게 꼭 필요한 것, 앞으로 우리를 한 단계 성장시켜 줄 것을 선택해 다듬는 감각. 그 기준이 팀 안에 또렷하게 자리 잡아야 합니다.

요즘은 화면 여기저기에 단추를 깔아두고 목록을 타고 내려가는 방식보다, '말로 시키는 방식'이 빠르게 자리 잡고 있습니다. 말로 시키는 방식에도 규칙이 있습니다. 예를 들어 "회의록에서 결론만 뽑아 세 줄로 정리해서 팀장에게 보낼 문자로 바꿔줘."라고 말하면, 좋은 AI 툴은 먼저 "이렇게 하겠습니다." 하고 순서를 보여줍니다. "파일을 읽고 핵심을 뽑은 뒤, 말투는 담백하게 고치겠습니다. 맞는지 확인할까요?"처럼 말입니다. 일을 진행하는 동안에도 너무 장황하게 떠들지 않되, 지금 어디까지 왔는지는 보이게 해야 믿음이 갑니다. 결과가 마음에 들지 않으면 "두 번째 항목을 더 구체적으로." "말투를 조금 더 공손하게." 같은 되묻는 말도 스스로 제안해 줘야 합니다. 겉보기엔 그냥 대화 같지만, 이런 흐름과 약속이 모여 새로운 '조작 방식'의 기준이 됩니다. 클릭 중심 시대에 버튼 배치와 화면 흐름을 신경 썼다면, 이제는 말로 시키고 되받아 묻는 과정 자체를 정교하게 설계해야 합니다.

많은 분들이 묻습니다. 그럼 PM은 정말 사라지는가. 제가 본 현장은 조금 다릅니다. 도구 덕분에 한 사람이 더 많이 만들고 더 넓게 손댈 수 있게 된 건 맞습니다. 그렇다고 해서 '아무나'가 제품을 잘 만드는 건 아닙니다. 무엇을 만들지, 언제 멈출지, 어느 선택지를 버릴지, 그 판단이 남습니다. 특히 경쟁 제품이 쏟아지고 흉내 내기 쉬운 요즘일수록, '우리 고객에게 꼭 맞는 해법이 무엇인지.' 끝까지 붙들고 가는 사람이 필요합니다. 저는 이 점에서 PM의 가치는 오히려 높아졌다고 느낍니다. 자동화로 비워낸 시간을 감수성과 판단으로 채우는 사람, 팀의 에너지를 한 지점으로 모으는 사람. 그 역할이 빠질 자리는 당분간 없어 보입니다.

팀 차원에서의 변화도 분명합니다. 예전처럼 역할 경계를 높게 쌓아두면 속도를 내기 어렵습니다. PM, 디자인, 개발이 서로의 일을 이해하고, 필요하면 힘닿는 곳까지 직접 손을 대야 전체 흐름이 가벼워집니다. 한편으로는 모두가 모든 걸 하는 만능을 꿈꾸기보다, 소수의 '취향 있는 빌더'가 중심을 잡고, 나머지가 속도를 보태는 구성이 더 현실적입니다. 조직은 이 균형을 의식적으로 설계해야 합니다. 반복 업무를 과감히 도구에 넘기고, 도구를 쓰는 법을 서로 가르치고, 시제품을 먼저 보며 말하는 문화를 일과처럼 굳히는 일. 그런 팀이 눈앞의 파도를 기회로 바꿉니다.

결국 AI는 PM을 대체하기보다, PM이 본질에 더 가까이 가도록 밀어줍니다. 요약하고 정리하는 손을 쉬게 하고, 문제를 정의하고 방향을 고르는 머리를 더 자주 쓰게 합니다. 할 수 있는 일이 많아진 만큼, 하지 않을 것을 고르는 용기까지 함께 요구합니다. 저는 그 변화가 두렵지 않습니다. 우리가 잘하던 일을 더 잘하게 만들어 주기 때문입니다. 이제는 묻는 순서만 바꾸면 됩니다. '무엇을 만들까.'에 앞서 '어떤 경험을 만들고 싶은가.' 그다음 질문은 자연스럽습니다. '그 경험을 오늘, 말이 아니라 눈으로 보이게 만들려면 무엇부터 할까.'

Part 5.

실전에서 살아남기

이해관계자 관리

PM으로 성공하기 위해 반드시 익혀야 할 핵심 역량 중 하나가 바로 이해관계자 관리입니다. 제품을 만들고 운영하는 과정에서 PM은 늘 여러 팀과 부딪히고 협업해야 합니다. 엔지니어, 디자이너, 마케터뿐 아니라, 상위 리더십이나 다른 부서까지도 모두 이해관계자에 포함됩니다.

문제는 이 과정이 결코 쉽지 않다는 점입니다. 특히 영어가 모국어가 아닌 사람에게는 부담이 더 크게 다가올 수 있습니다. 이론적으로는 다 아는 것 같아도, 막상 실무에서 조율하려 하면 언어 장벽 때문에 쉽지 않게 느껴집니다.

제가 PM으로 일하면서 가장 크게 배운 점 중 하나는 이렇습니다.

좋은 조율은 내 생각을 그대로 관철시키는 데서 나오지 않습니다. 오히려 상대가 스스로 납득하고, 자기 아이디어처럼 받아들일 때 비로소 진짜 힘을 발휘합니다. 제가 직접 해본 방법 중 가장 효과적인 것은 '설득'이 아니라 '질문'이었습니다. 의견을 강하게 주장하기보다는, 상대가 스스로 답을 내리도록 돕는 질문을 던지는 것이죠. 이런 방식은 시간이 조금 더 걸리는 것처럼 보이지만, 오히려 갈등을 줄이고 훨씬 강력한 동의를 얻을 수 있습니다.

많은 분들이 이해관계자 관리가 '수고는 많고 성과는 눈에 잘 보이지 않는 일'이라고 느끼십니다. 사실 저도 처음에는 그렇게 생각했습니다. 하지만 시간이 지날수록 깨달았습니다. PM의 성패는 결국 이 과정에서 갈린다는 사실을요. 특히 나보다 한 단계 위에 있는 리더십을 어떻게 설득하고 함께 움직이게 만드느냐는, 단순히 프로젝트 하나의 성과를 넘어 제 커리어의 방향까지도 결정했습니다.

여기서 중요한 것은 기대치 관리입니다. 누가 어떤 회의에 반드시 참석해야 하는지, 어떤 업무가 전략 계획에서 우선순위를 가져야 하는지, 이런 것들을 명확하게 정리하고 소통해야 불필요한 갈등을 줄일 수 있습니다. 많은 팀의 문제는 사실 '제대로 표현되지 않은 기대치'에서 비롯됩니다. 상대방은 제 머릿속을 읽을 수 없기 때문입니다.

좋은 이해관계자 관리를 잘하는 분들을 곁에서 지켜본 적이 있습니다. 그들은 결코 어려운 영어를 쓰지 않았습니다. 오히려 짧고 명확한 메시지를 전했습니다. 상황에 따라서는 긴 보고서 대신 짧은 메일 한 줄, 슬랙 메시지 한 문장으로도 충분했습니다. 중요한 것은 형식이 아니라, 상대방이 바로 이해하고 움직일 수 있도록 만드는 힘이었습니다.

저는 한국인 PM에게 오히려 이 부분에서 강점이 있다고 생각합니다. 한국 문화 자체가 이미 상대방을 배려하고, 미묘한 뉘앙스를 읽어내며, 조율을 중시하는 문화이기 때문입니다. 이 특성을 실리콘밸리식 업무 환경에 잘 연결해 낸다면, 훌륭한 무기가 될 수 있습니다.

결국 이해관계자 관리의 본질은 기술적인 언어 능력이 아닙니다. 상대방의 입장을 존중하고, 공감을 끌어내며, 함께 같은 방향으로 나아가게 만드는 힘입니다. 그리고 이 힘을 갖춘 PM은 어디에서든 인정받고 성장할 수 있습니다.

PM으로서 성공을 논하려면, 반드시 짚고 넘어가야 할 것이 있습니다. 바로 엔지니어와 디자이너와의 신뢰 관계입니다. 화려한 직함이나 이력서에 적힌 경력은 도움이 될 수 있습니다. 하지만 진짜 시험대는 결국 제품을 만드는 현장에서 찾아옵니다. 아무리 멋진 타이틀을 가지고 있어도, 엔지니어가 '이 사람을 믿고 따라가도 되겠다.'라고 느끼지 못하면, PM은 사실상 무력해집니다.

제가 실제로 일하면서 가장 자주 받았던 질문은 이런 것이었습니다.

"PM이 자리에 없을 때, 이 기능을 우리가 대신 설명할 수 있을까?"
"PM이 정말 사용자를 이해하고 있는 걸까?"
"우선순위를 정할 때, 단순히 말로만이 아니라 실제로 함께 고민해 주고 있는 걸까?"

이 질문들은 모두 같은 본질로 이어집니다. PM은 팀의 대변자인 동시에, 사용자의 목소리를 대표하는 사람이어야 한다는 것입니다. 엔지니어들은 단순히 "무엇을 만들어라."라는 지시를 기다리지 않습니다. 그들은 왜 그것을 만들어야 하는지, 그것이 사용자에게 어떤 의미가 있는지, 그리고 지금 당장 만들어야 하는 이유가 무엇인지 알고 싶어 합니다.

신뢰는 하루아침에 쌓이지 않습니다. 처음부터 '나는 PM이니까 당연히 존중받아야 한다.'라는 태도로 접근하면 금세 벽이 생깁니다. 오히려 중요한 것은 작은 것부터 차근차근 보여주는 것입니다. 예를 들어, 세밀하게 정리된 요구사항 문서를 준비하거나, 모호한 상황에서 빠르게 결정을 내려주거나, 예상치 못한 예외 상황을 짚어주는 것들이죠. 이런 작은 순간들이 쌓여, '이 PM은 우리를 도와주고 있구나.'라는 믿음이 자리 잡습니다.

저는 이 과정을 흔히 '상호 성공의 공식'이라고 부릅니다. 엔지니어와 디자이너가 뛰어난 결과물을 만들도록 돕는 것이 PM의 역할이고, 그 결과물이 사용자에게 가치를 줄 때 PM도 빛을 발하게 됩니다. 서로를 돕는 구조가 마련될 때, 비로소 팀은 진짜 의미에서의 협업을 경험합니다.

결국 PM이 엔지니어와 협업할 때 가장 중요한 것은 화려한 말솜씨나 완벽한 영어가 아닙니다. 꾸준히 사용자와 팀의 관점을 이해하려는 태도, 그리고 그 이해를 바탕으로 "우리는 같은 목표를 향해 가고 있다."는 확신을 심어주는 것. 그것이 신뢰의 본질이며, 성공적인 협업의 출발점입니다.

이 질문에 자연스럽게 "예."라는 답을 얻을 수 있어야 합니다. 신뢰는 말로 생기지 않습니다. 시간이 필요하고, 반복된 행동으로 쌓입니다.

특히 영어에 자신이 없는 분들께 제가 권하고 싶은 첫 단계는 문서화입니다. 잘 정리된 요구사항 문서, 간결하면서도 명확한 비전 문서 하나가 팀의 신뢰를 쌓는 가장 빠른 방법입니다. PM이 사용자와 문제를 깊이 이해하고 있다는 증거가 곧 문서에 담기기 때문입니다. 작은 예외 케이스까지 챙기고, 팀원들이 더 수월하게 일할 수 있도록 돕는 순간, 신뢰는 자연스럽게 따라옵니다. PM이 요술봉을 휘두르는 마법사가 아니라, 팀의 성과를 뒤에서 받쳐주는 든든한 파트너임을 보여주는 것입니다.

팀 문화의 그림자

PM으로 일하다 보면, 기술이나 전략 못지않게 팀 문화가 얼마나 중요한지 뼈저리게 느끼게 됩니다. 아무리 뛰어난 아이디어도, 조직 문화가 왜곡되어 있으면 금세 삐거덕거리기 시작합니다. 특히 엔지니어 · 디자인 · PM 팀처럼 색깔이 뚜렷한 집단은, 각자의 장점이 극단으로 흐르면서 오히려 협업을 막는 경우가 많습니다.

엔지니어들은 원래 문제 해결에 몰입하는 사람들입니다. 하지만 현실에서는 다른 동기가 작동하기도 합니다. 한국 대기업에서 자주 목격되는 것 중 하나는 '승진 중심 문화'입니다. 어떤 프로젝트가 사용자에게 더 큰 가치를 줄 수 있는가 보다, "이게 임원 눈에 들어올까?", "내 승진에 도움이 될까?"가 의사결정의 핵심이 되곤 합니다. 단기적으로는 안정적일 수 있지만, 이런 태도는 결국 제품 혁신을 가로막습니다.

반대로 실리콘밸리에서 자주 보는 사례는 '행복 중심 문화'입니다. 모든 엔지니어가 만족하고 즐거워야 한다는 원칙이 지나치게 강조되면서, 사업적 성과는 뒷전이 되는 경우죠. 한국에서라면 상상하기 어렵지만, 이 역시 극단으로 흐르면 방향을 잃게 됩니다.

또 하나는 '시스템 집착'입니다. 완벽한 구조, 아름다운 코드에 매달리다 보니, 정작 그것이 사업에 어떤 의미를 주는지는 희미해집니다. 반대로 어떤 팀은 아예 기대치를 낮게 잡습니다. 일정도 무난하게, 품질도 무난하게. 큰 문제는 없지만, 큰 도약도 기대하기 힘든 문화입니다.

PM 팀의 함정

PM 팀이라고 다르지 않습니다. 어떤 조직은 'CEO 대변자'가 되는 데 그칩니다. 스스로 판단하기보다는 윗선의 의중을 해석해 옮기는 역할에 머무는 것입니다. 한국 회사에서 특히 흔히 보이는 장면입니다.

또 어떤 PM은 '아이디어 집착'에 빠집니다. '내가 낸 아이디어를 꼭 실현해야 한다.'는 욕심이 앞서, 실제 사용자 문제를 놓치기도 합니다. 반대로 '바쁘게 보이기'에 매달리는 경우도 있습니다. 회의, 보고, 활동은 많은데 실질적 성과는 없는 경우입니다. 마지막으로 흔한 것이 '단기 성과 몰입'입니다. 눈앞의 지표를 달성하는 데 급급하다 보니 장기적인 전략은 늘 뒷전으로 밀립니다.

디자인 팀에도 그늘은 있습니다. 대표적인 것이 '미덕 중심' 문화입니다. '광고는 악이다.'라는 식의 고결한 가치를 고집하다가, 정작 회사를 지탱하는 비즈니스 모델과 충돌하는 경우 그렇습니다. 사용자 경험을 우선하는 태도는 아름답지만, 현실과 단절되면 공허해질 수밖에 없습니다.

또 어떤 팀은 '검증 집착'에 빠집니다. 실제 고객보다 동료 디자이너의 칭찬을 얻는 데 더 집착하는 것이죠. '리서치 의존'도 비슷합니다. 근거는 중요하지만, 모든 결정에 조사를 붙이다 보면 속도는 완전히 마비됩니다. 마지막으로 '포트폴리오 중심' 문화도 있습니다. 회사 문제보다는 내 이력서에 담길 그림만 챙기는 태도입니다. 당장은 멋져 보일 수 있지만, 결국 팀의 신뢰를 무너뜨립니다.

이런 패턴을 한국에서 그대로 본뜨라는 뜻은 아닙니다. 중요한 건 '문화가 흐트러지면 아무리 똑똑한 개인도 무너진다.'는 교훈입니다. 한국인은 대체로 협업에서 배려와 책임감을 잘 발휘합니다. 하지만 때로는 지나친 위계 의식 때문에 의견을 드러내지 못하거나, '나서면 찍힌다.'는 두려움에 발목을 잡히곤 합니다. PM이라면 오히려 이 부분을 깨뜨려야 합니다.

좋은 PM은 팀이 서로의 차이를 존중하면서도, 각자의 강점을 하나로 묶어내는 사람입니다. 조직이 극단으로 흐를 때 방향을 다시 잡아주는 나침반 역할, 그것이 바로 PM이 지켜야 할 자리입니다.

그래서 저는 신뢰를 강조합니다. PM이 엔지니어와 디자이너에게 보여줘야 할 태도는 단순합니다. "당신의 성공이 곧 나의 성공이다." 이런 관계가 성립될 때, 비로소 각자의 문화가 장점으로 작동합니다.

PM은 제품을 만드는 중심에서 조율자이자 촉매제 역할을 합니다. 신뢰를 기반으로 한 조율이 없다면, 아무리 뛰어난 기술과 디자인이 있어도 결국 제각각의 방향으로 흩어지고 맙니다. 하지만 신뢰가 구축되면, 각자의 역량은 서로를 보완하며 진짜 '마법 같은 제품'을 만들어 냅니다.

엔지니어와 디자이너들과 함께 살아남는 법

PM으로 일하다 보면 엔지니어, 디자이너와의 갈등은 피할 수 없는 일입니다. 그런데 여기서 중요한 건 갈등 그 자체가 문제가 아니라는 사실입니다. 오히려 일정 수준의 긴장은 건강한 신호일 때가 많습니다. 서로 다른 시각이 부딪혀야 더 나은 선택지가 나오고, 제품도 단단해집니다. 문제는 갈등이 전혀 없거나, 혹은 불필요한 갈등으로 소모되는 경우입니다.

갈등이 아예 없는 팀은 오히려 위험합니다. 겉보기에는 사이가 좋아 보일 수 있지만, 사실은 각자 자기 영역만 지키며 손 놓고 있는 경우가 많습니다. '이건 내 일이 아니니까 신경 안 써.'라는 태도가 퍼져 있는 팀에서는 결국 아무도 진짜 책임을 지지 않습니다. 저도 커리어 초반에 이런 환경을 경험했는데, 가장 답답했던 순간이었습니다. PM은 본질적으로 빈틈을 메우는 역할인데, 모두가 경계선 뒤로 숨으면 PM 혼자서 아무리 뛰어도 큰 성과를 내기 어렵습니다.

또 하나의 나쁜 갈등은 직함 싸움에서 나옵니다. "전략은 디자인이 가져가야 한다." "PM이 원래 하는 일 아니냐." "엔지니어는 구현만 하면 된다." 이런 대화는 팀을 성장시키지 못합니다. 실리콘밸리에서도 비슷한 장면을 자주 보는데, 특히 디자인과 PM 사이에서 전략 주도권을 두고 다투는 경우가 그렇습니다. "스티브 잡스도 디자이너 출신이잖아, 우리도 제품 전략은 디자인이 주도해야 해."라는 주장 말이죠. 물론 경우에 따라 디자인이 전략을 이끌 수도 있습니다. 하지만 그것은 PM이 아직 성장 중일 때, 혹은 특정 디자이너가 시장 감각과 실행력을 동시에 갖춘 경우에 가능한 일이지, 직함만으로 정해질 수 있는 문제는 아닙니다. 역할을 선 긋듯 나누기 시작하면 협업은 무너지고, 고객보다 내부 권력이 우선시되는 순간이 찾아옵니다.

마지막으로 흔히 겪는 불건전한 갈등은 '누구 일이 더 편하냐.'를 중심으로 벌어지는 충돌입니다. "이 기능은 구현하기 복잡하니까 빼자." "이런 디자인은 너무 손이 많이 간다." 물론 현실적인 제약을 고려하는 건 필요합니다. 하지만 논의의 초점이 "이게 고객과 사업에 얼마나 중요한가."가 아니라 "우리 팀이 덜 힘든 방법이 뭐냐."로 흐르기 시작하면, 그 순간부터 제품의 경쟁력은 서서히 떨어집니다.

고성과 팀이라고 해서 모두가 늘 행복한 건 아닙니다. 이상적인 팀이라도 의견 충돌은 있고, 어떤 날은 집에 돌아가면서 속이 답답하기도 합니다. 중요한 건 불편함 그 자체를 '독성'으로 치부하지 않는 태도입니다. 한국에서 흔히 보는 '다 같이 편안해야 좋은 조직'이라는 기대와는 다릅니다. 실리콘밸리의 좋은 팀은 오히려 불편함을 직시하면서, 그것을 성장을 위한 에너지로 바꾸는 힘을 갖고 있습니다.

저 역시 처음에는 이런 문화가 낯설었습니다. 누군가는 제 의견을 정면으로 반박했고, 또 어떤 날은 디자이너가 제안을 통째로 뒤엎기도 했습니다. 하지만 시간이 지나보니, 이런 긴장이 있어야 제품이 더 나아진다는 걸 이해하게 되었습니다. 갈등을 완전히 없애려 하기보다, 나쁜 갈등을 걸러내고 좋은 긴장을 살려내는 것. 그것이 PM이 엔지니어와 디자이너 사이에서 오래 버티고 결국은 신뢰를 얻는 방법이었습니다.

조직 문화를 읽고 정치에 휘둘리지 않기

한국 직장에서는 "줄을 잘 타야 한다."는 말을 자주 듣습니다. 누구 밑에 붙어야 하는지, 누구와 가까이 지내야 하는지가 곧 성과만큼이나 중요하다고 여겨지는 경우가 많습니다. 사실 조직 정치라는 건 어디에나 있습니다. PM이라면 특히 더 피할 수 없습니다. 여러 팀을 잇고 이해관계자를 설득해야 하는 역할이기 때문에 자연스럽게 정치의 한가운데로 들어가게 됩니다.

제가 경험한 바로는, 직급이 올라갈수록 정치의 무게도 커집니다. 초기 스타트업에서는 단순히 실행력이 정치보다 더 큰 힘을 발휘합니다. 하지만 실리콘밸리의 대형 테크 기업에 가면 구조가 복잡해지고, 여러 부서와 리더십이 얽히면서 정치가 일상의 일부가 됩니다. 한국 기업의 경우에도 비슷한 면이 있지만, 조직 문화적 배경 때문에 조금 다르게 나타납니다. 예를 들어 어떤 분들은 한국에서는 위계 질서와 집단적 조화가 더 강조되다 보니, 정치가 좀 더 직접적으로 보이는 것 같다고 이야기하기도 합니다. 물론 모든 회사가 그렇다는 건 아니고, 업종, 조직, 리더 성향에 따라 크게 다를 수 있습니다. 다만 이런 인식을 염두에 두면, 한국과 미국의 조직 문화를 비교하면서 본인의 커리어 전략을 세우는 데 도움이 될 수 있습니다.

정치에 능한 사람들도 있습니다. 상사와 동료 모두에게 신뢰를 얻고, 회의에서 언제나 존재감을 드러내며, 위로는 잘 보고하고 옆으로는 두루 친하게 지내는 유형입니다. 반대로 정치라는 행위 자체를 불편해하는 사람도 있습니다. 묵묵히 자기 일만 잘하면서도 성과를 내는 경우죠. 다만 고성과자임에도 정치에 전혀 참여하지 않으면 중요한 기회에서 배제되거나 승진이 늦어질 가능성이 큽니다.

가장 좋지 않은 유형은 실력은 부족한데 정치에만 매달리는 경우입니다. 단기적으로는 인정받는 것처럼 보이지만, 결국 동료들이 금방 눈치챕니다. 건강한 조직이라면 오래 버티기 어렵습니다.

PM으로서 조직 정치를 다루려면 무엇보다도 먼저 조직을 차분히 살펴볼 필요가 있습니다. 이 회사에서 힘은 어떻게 흘러가는지, 누가 실제 의사결정을 내리는지, 합의가 어떤 방식으로 이뤄지는지부터 파악해야 합니다. 그다음에 자신이 참여할 지점을 정하면 됩니니다. 굳이 모든 상황에 끼어들 필요는 없습니다. 꼭 필요할 때, 그리고 팀의 성과에 직접적으로 영향을 미칠 때만 정치적 감각을 발휘하면 충분합니다. 정치가 본업을 대신해서는 안 되고, 결국 가장 강력한 정치적 무기는 실력과 신뢰에서 나온다는 점을 잊지 않는 것이 중요합니다.

특히 한국에서 실리콘밸리로 도전하려는 분들이라면 두 가지를 명심하셔야 합니다. 첫째, 한국식의 '눈치 정치'는 미국에서 통하지 않습니다. 회의에서 침묵하며 상사 눈치만 보는 사람은 존재감이 없다고 여겨집니다. 둘째, 그렇다고 해서 미국에 정치가 없는 것도 아닙니다. 다만 방식이 다를 뿐입니다. 한국은 위계 중심이라면, 실리콘밸리는 영향력 네트워크 중심입니다. 누가 데이터를 준비해 의사결정권자를 설득했는지, 누가 논리적으로 회의를 주도했는지가 중요합니다.

결국 정치는 PM에게 피할 수 없는 현실입니다. 하지만 정치가 목적이 되어서는 안 됩니다. 조직 문화를 잘 읽고, 나와 팀의 성과를 지키기 위해 꼭 필요한 순간에만 정치적 감각을 발휘하세요. 줄을 잘 타는 것보다 더 중요한 것은, 시간이 지나도 변하지 않는 평판입니다. 어떤 사람으로 기억되는지가 결국 가장 강력한 정치적 자산이 됩니다.

최고의 PM이 되는 방법

PM에게는 정답 같은 경로가 없습니다. 누구에게나 통하는 한 가지 비법은 존재하지 않습니다. 다만 많은 뛰어난 PM들이 공통적으로 지키는 원칙은 있습니다. 정치 싸움이나 승진 같은 외부 요인보다, 매일 '어떻게 하면 내가, 혹은 우리 팀이 회사에 가장 큰 성과를 낼 수 있을까.'라는 질문을 먼저 붙드는 사람. 이런 태도가 좋은 PM과 최고의 PM을 가르는 출발점입니다.

저도 실리콘밸리에서 많은 PM 들과 함께 일해 오면서, 결국 어떤 상황에서도 변하지 않는 기본기를 직접 확인할 수 있었습니다. 커리어의 단계가 어디에 있든 꼭 필요한 세 가지가 있는데, 바로 소통, 우선순위, 그리고 실행입니다.

좋은 PM은 말하는 순간부터 차이가 드러납니다. 회의나 점검 자리에서 장황하게 배경부터 풀지 않습니다. 먼저 결론을 명확히 밝히고, 그 이유를 짧게 덧붙입니다. "출시는 3월 28일입니다. 다만 남아 있는 위험 요소가 두 가지 있습니다." 이렇게 전달하면 모두가 바로 상황을 이해하고, 회의도 불필요하게 흔들리지 않습니다. 소통은 단순한 기술이 아니라, 팀이 지금 어디에 힘을 쏟아야 하는지를 분명히 보여주는 힘입니다.

두 번째는 우선순위입니다. PM이 매일 부딪히는 질문은 "이 중 무엇을 먼저 할 것인가."입니다. 고객에게 가장 중요한 문제, 매출이나 지표에 가장 큰 영향을 줄 문제, 혹은 지금 당장은 미뤄도 되는 문제를 가려내는 능력이야말로 PM의 핵심입니다. 제가 아마존에서 일한 분들에게 들은 이야기인데, 그곳에서도 가장 존중받던 동료들은 더 똑똑하거나 더 오래 일한 사람들이 아니라, 문제의 우선순위를 정확히 짚어내는 사람들이었다고 합니다. 같은 자원으로도 몇 배의 성과를 만들어 낸 이유가 바로 그 선택의 힘에 있었다는 것이죠.

마지막은 실행입니다. 아무리 훌륭한 아이디어라도 실제 결과로 이어지지 않으면 아무 의미가 없습니다. 실행은 단순히 계획표에 적힌 일정대로 출시하는 게 아니라, 팀이 끝까지 힘을 낼 수 있도록 흐름을 만들어 주는 과정입니다. 엔지니어와 디자이너가 일에 몰입할 수 있는 환경을 마련하고, 불필요하게 반복되는 장애물을 덜어내며,

더 빠르고 안정적으로 결과물을 내놓을 수 있는 리듬을 잡아주는 일. 이것이 바로 PM의 책임입니다. 결국 '말뿐인 계획'과 '실제로 움직이는 제품'을 갈라놓는 힘이 실행에서 나오기 때문입니다.

경험 많은 PM들을 지켜보면 몇 가지 공통점이 있습니다. 큰 그림을 놓치지 않는 시야, 동료들의 신뢰를 차곡차곡 쌓아가는 태도, 그리고 무엇보다도 말이 아닌 결과로 증명하는 힘. 이런 요소들이 쌓일 때 PM은 비로소 팀의 중심에서 성과를 끌어내는 사람으로 자리매김하게 됩니다.

큰 그림을 본다는 건 단순히 맡은 기능이나 당장 눈앞의 일정에만 매달리지 않고, '이 일이 회사 전체의 전략과 어떻게 이어지는가.'를 자주 묻는 습관입니다. 기능을 몇 개 추가하는 데 그치지 않고, 고객에게 근본적으로 어떤 변화를 줄 수 있을지, 사업을 얼마나 확장할 수 있을지 상상하는 사람이 더 큰 기회를 잡습니다.

신뢰는 PM이 얻을 수 있는 가장 중요한 자산입니다. 약속한 날짜에 출시하고, 문제를 숨기지 않고 공유하며, 잘못된 판단은 인정하고 바로잡을 때 동료들은 '이 사람이라면 믿을 수 있다.'는 확신을 갖습니다. 반대로 말을 사람마다 다르게 하거나 책임을 회피하면 신뢰는 한순간에 무너집니다. 결국 리더십이 자원을 맡기고 싶은 PM은 말과 행동이 일치하는 사람입니다.

마지막으로 성과입니다. 직함이나 조직 규모보다 중요한 건 '이 사람이 만들어 낸 결과가 회사에 어떤 변화를 주었는가.'입니다. 저 역시 커리어 초반에는 승진이나 타이틀보다 맡은 사업을 키우는 데 집중했습니다. 시간이 지나 보니, 그 결과들이 쌓이면서 자연스럽게 기회와 성장이 따라왔습니다. 결국 성과는 PM을 증명하는 가장 강력한 언어입니다.

정리하자면, 탑 PM으로 성장하기 위해선 화려한 스펙보다 매일의 습관이 더 중요합니다. 결론부터 말하는 습관, 고객과 사업에 가장 큰 가치를 주는 문제를 고르는 습관, 실행을 통해 팀을 움직이는 습관. 그리고 경력이 쌓일수록 더 큰 그림을 그리고, 신뢰를 쌓으며, 성과에 집착하는 태도. 이 세 가지 축을 놓치지 않으면, 어느 환경에서도 필요한 PM으로 성장할 수 있습니다.

Part 6.

리더십으로 성장하기

리더십으로 성장하기 - 주니어에서 시니어 PM+으로 가는 길

주니어 PM으로 첫 발을 내디딘 순간은 그 자체로도 큰 성취입니다. 하지만 시간이 조금만 지나면 누구나 같은 고민에 부딪힙니다.

"이 다음 단계로 어떻게 올라설 수 있을까?"

물론 회사마다 답은 다릅니다. 스타트업은 승진 체계가 애매하고, 리더의 주관이 크게 작용하는 경우가 많습니다. 반대로 실리콘밸리의 빅테크는 촘촘한 평가 기준과 역량 모델을 갖추고 있습니다. 그런데 어느 조직이든 결국 핵심은 하나로 모입니다. "당신은 단순한 실행자가 아니라 전략적 리더로 성장하고 있는가?"

PM으로 일하다 보면 두 가지 사고방식이 반드시 필요합니다. 하나는 확신과 추진력입니다. 수많은 의견과 반대가 얽히는 자리에서 방향을 잡고, 때로는 반발을 뚫고 나가야 합니다. 이 힘이 없으면 제품은 세상에 나오기도 전에 무너집니다. 다른 하나는 개방과 탐구의 태도입니다. 시장을 제대로 보고 있는가, 고객을 진정으로 이해하고 있는가, 내가 놓치고 있는 부분은 없는가를 끊임없이 묻는 자세입니다. 부족함을 인정하고 배우려는 사람만이 결국 더 큰 성과를 만들어 냅니다.

이 두 가지를 균형 있게 다루는 사람이 이상적인 PM 리더입니다. 하지만 현실은 대부분 시간이 지날수록 추진력에 치우칩니다. 조직은 늘 속도와 결과를 요구하기 때문입니다. 그 결과, 제품을 '내놓을 수는 있지만.' 정말 훌륭한 제품을 '만들어 내지 못하는.' 함정에 빠지곤 합니다.

그래서 많은 PM들이 언젠가 비슷한 피드백을 듣습니다.
"실행은 잘하시는데, 좀 더 전략적일 필요가 있습니다."

저 역시 커리어 초반에 이 말을 들었을 때 크게 당황했습니다. 도대체 '전략적'이라는 게 뭘 뜻하는 걸까? 책 몇 권 읽는다고, 강의 몇 개 듣는다고 해결될 문제는 아니었습니다.

시간이 지나며 깨달은 것은, 이 피드백은 사실 세 가지 다른 의미로 쓰인다는 점이었습니다. 첫째, 제품적 사고의 부족을 지적하는 경우입니다. 단순히 프로젝트 관리에서 머무르지 말고, "이 제품은 왜 존재해야 하는가?"라는 더 근본적인 질문을 던지는 것입니다. 보통 시니어 PM이 디렉터로 성장할 때 마주하는 벽이기도 합니다. 둘째는 새로운 기회 창출입니다. 지금 당장 수익원만 최적화하지 말고, 다음 성장 동력을 찾아내라는 주문입니다. 셋째는 비전과 전략의 명확화입니다. 제품의 장기적 방향을 그려내고, 조직 전체를 그 전략에 맞게 정렬하라는 요구입니다. 뛰어난 실행가지만 아직 전략적 리더로 도약하지 못한 임원들이 흔히 받는 피드백입니다.

이렇게 나눠서 생각하면 "전략적이어야 한다."는 말이 막연한 구호가 아닙니다. 어떤 경우에는 사고방식을 바꾸는 것이고, 어떤 경우에는 완전히 새로운 도전을 열라는 의미이며, 또 어떤 경우에는 리더십의 무게를 제대로 짊어지라는 요구입니다. 중요한 건 추상적인 피드백을 그대로 받아들이고 답답해하지 말고, 그 속에 담긴 진짜 메시지를 정확히 해석하는 일입니다.

특히 한국인 PM에게는 이 지점이 더 중요합니다. 한국에서는 지시된 일을 정확히 끝내는 태도가 높이 평가받습니다. 실리콘밸리에서는 그 다음 단계인 방향 제시와 설득이 함께 요구됩니다. 단순히 맡은 일을 완수하는 사람이 아니라, 새로운 길을 제시하고 모두를 설득해 함께 나아가게 하는 사람이 되어야 합니다. 바로 그 차이가

"전략적이다."라는 피드백의 진짜 의미이자, 다음 단계로 도약하는 관문입니다.

제가 경험한 한국인 동료들은 정말 열심히 일하고, 뛰어난 결과를 냅니다. 하지만 때로는 이 성과를 전략적 언어로 포장하고, 조직 전체에 설득력 있게 전달하는 부분에서 약점을 보이곤 했습니다. 이는 개인의 문제가 아니라 문화적 배경과도 연결되어 있다고 생각합니다. 한국에서는 묵묵히 열심히 하는 것이 미덕으로 여겨지지만, 실리콘밸리에서는 '내가 어떤 가치를 창출했는지.'를 스스로 이야기하지 않으면 인정받기 어렵습니다.

결국 중요한 것은 두려워하지 않고 피드백을 해석하고, 스스로 전략적으로 드러내는 연습을 하는 것입니다. 실행력은 이미 많은 한국인이 갖추고 있는 강점입니다. 이제 필요한 것은 그 성과를 더 큰 맥락 속에서 연결해 설명하는 힘, 즉 '전략적 목소리'를 내는 법입니다.

언어가 사고를 바꾸고, 리더십을 만든다

많은 매니저가 팀원에게 피드백을 줄 때 결국 이렇게 말합니다. "내가 예전에 이렇게 했으니 너도 이렇게 해라." 겉으로는 그렇게 표현하지 않더라도, 무의식적으로 자기 경험을 기준 삼아 팀원을 비교합니다. 예를 들어 "나는 매일 지표를 직접 확인했는데 너는 안 하네."라거나, "나는 SQL을 직접 짜서 인정받았는데 너는 왜 안 해?" 같은 식입니다. 팀원에게는 결국 "너는 나만큼 못한다."는 말로 들립니다. 한국의 많은 직장에서 여전히 "우리 때는 밤새워 일했는데 요즘은 안 그렇다."라는 이야기가 오가는 것도 같은 맥락입니다.

이런 방식이 반복되는 이유는 단순합니다. 매니저가 스스로 유능함을 확인하고 싶기 때문입니다. 내가 지금 이 자리에 있는 이유를 증명하고 싶어서, 무심코 과거의 나와 현재의 팀원을 비교하는 것입니다. 문제는 이렇게 하면 팀원의 성장은커녕 동기만 잃게 만든다는 점입니다.

좋은 피드백은 매니저를 중심에 두지 않습니다. 먼저 팀원의 개별적인 커리어 목표를 묻고 이해하는 데서 출발해야 합니다. 어떤 사람은 빠르게 리더십을 키우고 싶어하고, 어떤 사람은 특정 분야의 전문가로 자리 잡고 싶어 합니다. 그런데 많은 매니저는 본인의 목표가 팀원에게도 똑같이 적용된다고 생각해 버립니다. 여기서부터 피드백이 빗나갑니다.

팀원의 목표를 확인한 뒤에는, 그 목표를 이루기 위해 지금 필요한 경험과 역량을 거꾸로 짚어주어야 합니다. 이 과정에서 동료, 이해관계자, 상사의 의견을 함께 모아 패턴을 보여주는 것이 중요합니다. "보고서를 더 자세히 써라." 같은 단편적인 주문이 아니라, 왜 그런 피드백이 나왔는지, 그 배경과 맥락을 해석해 주어야 합니다. 그래야 팀원도 자신이 어떤 선택을 하고 있는지, 무엇을 놓치고 있는지 깨달을 수 있습니다.

또 하나 중요한 점은, 매니저 스스로 약속이 피드백에 담겨야 한다는 것입니다. "좀 더 전략적으로 생각하세요."라고만 말하는 것은 무책임합니다. 어떤 자료를 참고하면 좋은지, 어떤 기회를 줄 수 있는지, 어떤 멘토와 연결해 줄 수 있는지까지 함께 이야기해야 합니다. 피드백은 행동으로 이어져야 의미가 있고, 그 행동이 가능하도록 길을 열어주는 것도 매니저의 몫입니다.

한국적인 맥락에서는 이 부분이 특히 중요합니다. 직급이 높다고 해서 무조건 존중이 따르는 시대는 이미 끝났습니다. 상사가 일방적으로 "이렇게 해라."라고 말하면 겉으로는 고개를 끄덕여도 속으로는 받아들이지 않는 경우가 많습니다. 그래서 피드백은 명령이 아니라 해석과 지원이 되어야 합니다.

PM의 경우도 마찬가지입니다. 디자이너나 엔지니어, 다른 팀과 일하면서 수없이 피드백을 주고받게 됩니다. 이때도 원칙은 같습니다. "내가 예전에 이렇게 했으니 따라라."가 아니라, 상대의 목표와 맥락을 이해하고, 피드백을 선택지와 해석으로 제공해야 합니다. 그래야 상대도 피드백을 자신의 성장 도구로 받아들입니다.

결국 좋은 피드백은 팀원을 통제하는 말이 아니라, 스스로 더 나은 선택을 할 수 있게 안내하는 나침반이어야 합니다. 그리고 그 나침반이 실제로 힘을 발휘하려면, 매니저가 함께 책임지겠다는 약속이 뒤따라야 합니다. 이것이야말로 팀원의 성장을 돕는 진짜 피드백이며, 동시에 PM의 성장을 증명하는 길이기도 합니다.

PM으로 일하면서 크게 깨달은 것 중 하나는 언어가 사고를 규정한다는 점입니다. 대학 시절에 들었던 언어와 사고에 관한 수업에서

“사람은 사용하는 언어에 따라 세상을 다르게 본다.”는 이야기를 처음 접했는데, 그 뒤로 제 일하는 방식이 완전히 달라졌습니다.

예를 들어 한국어에는 존댓말과 반말이 있습니다. 같은 내용을 말하더라도 존댓말로 말하면 협업의 톤이 달라집니다. 또 한국어에는 ‘정(情)’이나 ‘눈치’ 같은 영어로는 단어 하나로 옮기기 힘든 개념이 있습니다. 반대로 영어에는 ‘Ownership’ 같은, 한국어로는 정확히 똑 떨어지게 번역되지 않는 개념이 있습니다. 한국에서만 일하다가 실리콘밸리에 오면 이런 언어적 차이가 업무 방식과 리더십 스타일을 바꿔 놓습니다. 실제로 한국어 중심으로 생각할 때와 영어로 사고할 때 제 접근 방식이 달라지는 걸 여러 번 경험했습니다. 언어가 사고를 바꾼다는 말은 결코 추상적인 개념이 아니었습니다.

리더와 주니어 PM의 차이도 여기서 드러납니다. 주니어 PM이 요구사항 문서를 쓸 때는 단순히 기능을 나열하는 데 집중하는 경우가 많습니다. 하지만 리더십을 가진 PM은 같은 문서라도 단어 하나, 문장 하나에 훨씬 더 신경을 씁니다. 같은 내용도 표현에 따라 팀의 이해와 움직임이 달라집니다. 예컨대 “이 기능은 중요하다.”라고 적는 것과 “이 기능은 이번 분기 목표를 달성하기 위한 핵심 조건이다.”라고 쓰는 것은 완전히 다릅니다. 전자는 그냥 좋은 게 있으면 좋겠다는 뉘앙스지만, 후자는 반드시 해야 한다는 방향성을 줍니다. 이런 작은 차이가 의사결정과 실행력을 좌우합니다.

저도 팀과 함께 OKR을 정리할 때, 한 문장 안의 단어 하나 때문에 회의가 두세 시간씩 길어진 경험이 있습니다. 예를 들어 '시장 점유율 확대'라고 쓸지, '사용자 기반 성장'이라고 쓸지에 따라 엔지니어가 집중하는 우선순위, 마케팅 팀이 해석하는 전략 방향이 전혀 달라집니다. 어떤 표현을 쓰느냐가 단순한 언어 선택 문제가 아니라, 회사 자원과 인력이 어떻게 움직일지를 결정해 버리는 셈이죠. PM 문서, 비전 문서, 제품 요구사항 문서(PRD), 전략안 모두 마찬가지입니다. 표현이 모호하면 팀은 각자 다른 방향으로 해석하고 흩어지지만, 언어가 명확하면 모든 팀원이 같은 그림을 보고 한 방향으로 나아갈 수 있습니다.

흥미롭게도 인공지능의 발전도 언어에서 출발했습니다. 우리가 요즘 사용하는 대형 언어 모델(LLM)이라는 이름 자체가 그렇죠. 결국 인간이 수천 년 동안 언어에 압축해 온 지식과 사고의 패턴이 AI의 토대가 된 겁니다. '다음 단어를 예측한다.'는 단순한 작업을 위해, 사실상 세상에 존재하는 수많은 지식과 맥락을 이해해야 하는 것이죠.

PM에게 언어는 단순한 커뮤니케이션 수단이 아닙니다. 언어를 통해 팀을 움직이고, 조직을 설득하고, 미래를 설계할 수 있습니다. 그래서 주니어 PM일 때는 '어떻게 일을 해낼까.'가 더 중요하지만, 리더가 될수록 '어떻게 말하느냐.'가 곧 리더십 그 자체가 됩니다. 언어가 곧 영향력이고, 언어가 곧 리더십입니다.

실행에서 전략으로: 걸음마에서 달리기로

주니어 PM 단계에서는 기획서, 일정, 협업을 중심으로 실행을 단단히 다지게 됩니다. 반면 시니어 PM은 '왜 이 제품을 만드는가, 앞으로 어디로 가야 하는가.' 같은 방향과 전략을 제시하는 데 더 큰 책임을 집니다.

저도 커리어 초반에 선배 PM에게 이런 조언을 들은 적이 있습니다.
"처음엔 전략이니 비전이니 고민하지 말고, 그냥 제품 요구사항 문서(PRD) 잘 쓰는 데 집중해라."

처음 들었을 때는 솔직히 반발심이 들었습니다. '전략적인 사고야말로 PM의 본질 아닌가? 왜 나는 못하게 하지?' 하지만 시간이 지나고 보니 일리가 있는 말이었습니다. 걷는 법을 배우지 않고는 달릴 수 없는 것처럼, 기본기를 다지지 않은 채 전략을 고민하는 건 공허한 흉내에 불과할 수 있습니다.

한국에서도 흔히 있는 오해가 "빨리 리더십을 보여야 한다.", "큰 그림을 그려야 인정받는다."는 생각입니다. 하지만 실리콘밸리에서 인정받는 한국인 PM들을 직접 보면, 오히려 작은 일에서 확실한 신뢰를 쌓은 사람들이 전략의 무대에 설 수 있었습니다. 팀이 안심하고 맡길 수 있을 만큼 꼼꼼하게 제품 요구사항 문서(PRD)를 쓰고, 이해관계자 사이의 소통을 깔끔하게 정리할 수 있어야 합니다. 이런 경험이 쌓여야 '이제 이 사람 말은 믿고 따라가도 된다.'는 신뢰가 생기고, 그때부터 전략의 목소리를 낼 자격이 주어집니다.

물론 어느 순간부터는 단순히 문서를 잘 쓰는 것만으로는 부족합니다. 시니어 PM 단계에서는 제품의 방향성, 시장에서의 위치 선정, 팀이 따라갈 전략 계획을 제시해야 합니다. 하지만 이 변화는 어느 날 갑자기 주어지는 것이 아니라, 기본기 위에 차곡차곡 쌓아 올려진 결과입니다.

그래서 저는 후배 PM들에게 늘 이렇게 말합니다.

"지금은 잘 걷는 법을 배우는 시간이다. 너무 조급하게 달리려 하지 마라. 하지만 걷는 걸 확실히 익히면, 곧 누구보다 빨리 달릴 수 있게 될 것이다."

결국 중요한 건 '주인의식'

PM 일을 하다 보면 이런 이야기를 자주 듣습니다.

"매출이나 사용자 수 같은 최종 성과는 내가 통제할 수 없는 영역이니, 거기까지 책임질 필요는 없다."

이 말도 어느 정도 이해는 됩니다. 한국 대기업에서 일할 때도 비슷했습니다. 영업팀이나 마케팅팀이 따로 있고, 회사 전체 전략은 임원진이 정합니다. 그래서 많은 주니어 PM들은 '내 역할은 문서와 일정까지.'로 좁히면 성과와 연결되기 어렵습니다. 괜히 나섰다가 목표를 못 달성하면 평가에서 불이익을 받을 수도 있기 때문입니다.

그래서인지 어떤 PM들은 자기 보호 차원에서 세부 지표에만 매달리기도 합니다. 예컨대 '버튼 클릭률 1% 상승' 같은 지표입니다. 이건 내가 직접 통제할 수 있으니까 안전합니다. 그런데 문제는 이런 지표만 쫓다 보면, 정작 회사가 원하는 진짜 목표, 예를 들어 매출 성장이나 시장 점유율 확대와는 점점 멀어질 수 있다는 겁니다.

반대로, 제가 실리콘밸리에서 만난 뛰어난 PM들은 조금 다른 태도를 보였습니다. '내가 모든 걸 책임질 수는 없어도, 이 성과를 내 일처럼 책임진다.'라는 마음가짐을 갖고 있었습니다. 팀의 지표를 넘어, 회사의 결과를 스스로 짊어지는 거죠.

저도 이런 걸 직접 경험한 적이 있습니다. 커리어 초반, 제가 맡은 기능은 회사 전체 매출에 직접 연결되는 건 아니었습니다. 그런데 일부러 영업 데이터를 찾아보고, 주간 회의에서 팀과 공유했습니다. "우리가 만든 기능이 고객에게 이렇게 쓰이고 있고, 이게 계약 유지율에 영향을 주고 있다." 엔지니어와 디자이너가 그걸 보면서 동기부여를 느꼈습니다. "아, 우리가 만드는 게 회사 성과랑 이렇게 연결되는구나."

사실 제 공식 역할은 아니었지만, 그때 느꼈습니다. 주인의식은 누가 맡기지 않아도, 스스로 선택할 수 있는 것이라는 것을. 그리고 그 태도 하나가 제 커리어를 바꾸었습니다. 리더십은 저를 단순히 문서만 잘 쓰는 PM이 아니라, 비즈니스 전체를 책임질 수 있는 사람으로 보기 시작했기 때문입니다.

물론 한국 기업 문화에서는 괜히 적극적으로 나섰다가 '튀는 사람'으로 찍힐까 걱정하는 경우가 많습니다. 하지만 실리콘밸리에서는 이야기가 다릅니다. 나서지 않고 조용히 맡은 일만 하는 사람은 쉽게 잊히고, 중요한 기회를 잡지 못합니다. 여기서는 누가 시키지 않아도 스스로 책임을 지고 움직이는 모습이 곧 신뢰로 이어집니다.

주인의식은 성과표에 적히는 숫자가 아니라, 태도의 문제입니다. 내가 이 제품, 이 팀, 이 회사를 진짜 내 일처럼 책임진다는 자세. 이 차이가 결국 평범한 PM과 글로벌 무대에서 인정받는 PM을 갈라놓습니다.

Part 7.

커리어 확장과 성공

지원하기 전 준비 과정

PM을 꿈꾸는 순간, 누구나 가장 먼저 마주하는 고민이 있습니다. 바로 첫 발을 어떻게 내딛느냐입니다. PM은 보상 수준이 높은 직무이지만, 그만큼 경쟁도 치열합니다. 단순히 책 몇 권 읽고 온라인 강의를 몇 개 듣는 정도로는 충분하지 않습니다. 실제로 준비하는 사람들을 보면, 수십 권의 책을 정리하고, 수백 개의 영상을 탐독하며, 스터디 그룹을 꾸려 치밀하게 대비하는 경우가 많습니다.

PM으로 가는 길은 여러 갈래가 있지만, 그중에서도 가장 잘 알려진 코스가 있습니다. 바로 구글, 메타 같은 대기업에서 운영하는 APM(Associate Product Manager) 프로그램입니다. 경력이 전혀 없는 사람도 PM으로 출발할 수 있도록 만들어진 제도죠.

물론 말처럼 쉽지는 않습니다. 이 프로그램은 문이 극도로 좁습니다. 보통은 컴퓨터공학처럼 기술적 배경이 있는 지원자를 선호하는 경우가 많습니다. 하지만 꼭 정해진 공식을 따라야 하는 것은 아닙니다. 제가 아는 한 분은 간호사로 일하다가 메타 RPM 프로그램에 합격했습니다. 회사가 그의 이력서에서 본 것은 '간호사 출신'이라는 딱지가 아니라, 다른 시각과 경험이 제품에 새로운 가치를 불어넣을 수 있다는 가능성이었습니다.

하지만 여기서 착각해서는 안 됩니다. 이런 사례가 있다는 것이 곧 누구에게나 쉽게 열려 있다는 뜻은 아닙니다. 오히려 반대입니다. 수백, 수천 명이 몰리는 치열한 경쟁 속에서 단 한 자리만을 두고 겨루어야 합니다. 인터뷰는 혹독하고, 준비 과정은 길고 고됩니다. 합격한 사람들은 한결같이 말합니다. "운이 따랐다."가 아니라, "이 길을 위해 내 삶 전체를 걸 만큼 철저히 준비했다."라고 말입니다.

이처럼 APM은 분명 매력적인 출발점이 될 수 있습니다. 하지만 동시에 가장 힘든 길이기도 합니다. 그래서 제가 독자 여러분께 전하고 싶은 첫 메시지는 분명합니다. 도전할 수 있다면 해보시길 바랍니다. 다만 반드시 단단한 각오와 치밀한 전략을 준비한 뒤에 뛰어들어야 합니다. 그래야 오래 버틸 수 있습니다.

또 하나의 길은 MBA입니다. 흔히 MBA 졸업 후의 진로는 컨설팅이나 투자은행으로 알려져 있지만, 최근에는 PM으로의 진출도 대표적인 선택지로 자리 잡았습니다. 특히 컨설턴트 출신들이 PM으로 전환하는 경우가 많습니다. 전략적 사고와 문제 해결 능력이 맞닿아 있기 때문이죠.

하지만 이 길 역시 장단점이 있습니다. 장점은 분명합니다. MBA 과정에서는 다양한 산업과 인맥을 쌓을 수 있고, 졸업 후 곧바로 PM 직무로 연결되는 채용 루트도 열려 있습니다. 그러나 단점은 비용입니다. 한국에서든 미국에서든 MBA 학비는 결코 가볍지 않습니다. 또한 "MBA를 했으니 무조건 PM이 될 수 있다."는 보장은 없습니다. 오히려 같은 조건에서 더 높은 수준을 기대하기 때문에, 준비는 더 철저히 해야 합니다.

제가 가장 현실적으로 추천하는 길은 바로 내부 이동입니다. 처음부터 PM으로 입사하지 못하더라도, 자신이 잘할 수 있는 직무로 먼저 들어가는 것이 훨씬 수월합니다. 엔지니어, 데이터 분석가, 마케팅, 심지어 전혀 다른 지원 부서라도 괜찮습니다. 중요한 것은 일단 회사 안으로 발을 들여놓는 것입니다.

미국 기업은 생각보다 내부 전환 제도가 활발합니다. 한국에서는 부서 이동이 쉽지 않은 경우도 많지만, 실리콘밸리에서는 오히려 자연스럽게 받아들여집니다. 실제로 많은 PM들이 처음부터 PM이라는 직함으로 일을 시작하지 않았습니다. 오히려 개발자, 운영 담당자, 데이터 분석 업무를 맡다가 경력을 쌓은 뒤, 기회를 잡아 PM으로 옮겨간 경우가 훨씬 많습니다.

이 과정에서 중요한 것은 관계와 노출입니다. 회사 안에서 이미 일하고 있는 PM들에게 먼저 다가가 보십시오. "혹시 제가 도울 수 있는 일이 있을까요?"라는 짧은 질문에서 시작해도 충분합니다. 또 "Product Operations"나 "Business Analyst" 같은 인접 직무를 선택하는 것도 좋은 전략입니다. 이런 경험은 PM 업무와 맞닿아 있어, 다음 기회로 자연스럽게 이어질 수 있습니다.

여기서 한국인 독자분들께 특별히 강조하고 싶은 전략이 있습니다. 바로 한국과 미국에 동시에 지사를 둔 회사를 노리는 것입니다. 많은 분들이 미국에서 직접 취업 비자를 얻어 PM으로 들어가는 것을 꿈꾸지만, 현실적으로 쉽지 않습니다. 비자 스폰서는 회사 입장에서 큰 부담이고, 초반부터 PM 같은 핵심 직무로 외국인을 뽑는 경우는 드뭅니다. 그러나 만약 한국 법인에서 먼저 입사한 뒤, 일정 기간 성과를 보여주고 미국 본사로 이동한다면 이야기가 달라집니다. 이미 내부적으로 검증된 인재이기 때문에, 비자 문제도 회사가 적극적으로 지원하는 경우가 많습니다.

저는 이 방법을 '2단계 이동 전략'이라고 부릅니다.

1단계: 한국에서 신뢰를 쌓고 → 2단계: 미국으로 옮겨 기회를 확장하는 것입니다. 특히 글로벌 본사를 둔 IT 기업에서는 실제로 이런 케이스가 많이 발생합니다. 이 길은 시간이 조금 더 걸릴 수 있지만, 비자 문제라는 가장 큰 장벽을 자연스럽게 넘을 수 있다는 장점이 있습니다.

PM으로 가는 길은 단일하지 않습니다. APM 프로그램처럼 정석 같은 루트가 있지만 극도로 경쟁이 치열하고, MBA는 인맥과 지식을 넓혀주지만 비용 부담이 크며, 내부 이동은 현실적이지만 시간이 걸립니다.

특히 한국인에게는 한국→미국 지사 이동이라는 옵션이 매우 중요한 돌파구가 될 수 있습니다. 한국의 성실함과 꼼꼼함으로 회사 내 신뢰를 먼저 확보한 뒤, 글로벌 무대로 나아가는 전략은 충분히 통합니다.

결국 중요한 건 조급해하지 않는 것입니다. PM은 처음부터 완벽하게 시작하는 직업이 아닙니다. 작은 경험을 쌓고, 옆길로 돌더라도 조금씩 가까워지다 보면, 어느 순간 길이 열립니다.

이력서 쓰기

이미 인터넷에는 수많은 이력서 작성 요령이 있습니다. 따라서 여기에서 일일이 반복할 필요는 없을지도 모릅니다. 그러나 제가 꼭 강조하고 싶은 한 가지가 있습니다. 이력서를 쓸 때 절대 사실과 다른 내용을 적어서는 안 된다는 점입니다. 하지 않은 일을 했다고 꾸미는 것은 바람직하지 않을 뿐 아니라, 만약 이후에 드러난다면 즉시 탈락하거나 해고의 사유가 되기도 합니다.

그렇다고 해서 지나치게 겸손하게만 적는 것도 위험합니다. 실제로는 충분히 중요한 역할을 했음에도 불구하고, 너무 소극적으로 기술하다 보니 본인의 성과가 묻혀 버리는 경우를 자주 보았습니다. 반대로, 약간은 자신 있게 표현하는 것도 필요합니다. 예를 들어 한 프로젝트를 세 명의 PM이 함께 맡았다 하더라도, 본인이 핵심적인 기여를 했다면 '프로젝트를 주도했다.'라고 쓸 수 있습니다. 중요한 것은 면접 자리에서 "정확히 어떤 일을 담당했습니까?"라는 질문을 받았을 때, 스스로 당당하게 설명할 수 있느냐입니다. 준비되지 않은 과장은 곧바로 신뢰를 잃게 하지만, 사실에 기반한 자신감 있는 표현은 오히려 긍정적인 인상을 남깁니다.

이력서를 쓰는 데 있어 핵심은 간단합니다. 거짓은 절대 안 되지만, 스스로 과소평가해서도 안 됩니다. 내가 해낸 일을 있는 그대로, 그러나 조금 더 힘 있게 보여주는 것. 이 균형이야말로 이력서를 잘 쓰는 기술입니다.

특히 한국과 미국의 이력서 문화는 큰 차이가 있습니다. 한국에서는 아직 사진이나 나이, 성별 같은 개인정보를 포함하는 경우가 많지만, 미국에서는 철저히 배제합니다. 오히려 이런 정보는 차별의 소지가 있다고 보기 때문에 아예 기재하지 않습니다. 또한 한국에서는 여러 장에 걸쳐 장황하게 설명하는 이력서가 흔하지만, 미국 실리콘밸리에서는 한 장으로 끝내는 것이 표준입니다. 긴 문장보다는 수치와 성과를 중심으로 간결하게 정리하는 것이 더 높은 평가를 받습니다.

결국 이력서는 단순한 기록이 아니라 자신을 소개하는 첫 무대입니다. 솔직함을 바탕으로 하되, 자신감을 잃지 않고 성과를 힘 있게 드러내는 것. 그 균형을 잡을 때 비로소 좋은 이력서가 완성됩니다.

면접에서 차별화하는 법

좋은 회사에 들어가려는 지원자는 여러분뿐만이 아닙니다. 수많은 사람들이 책을 읽고, 블로그를 정리하고, 스터디를 만들고, 모의 인터뷰를 반복합니다. 한국 대기업 공채 준비하듯 똑같은 문제집을 풀고, 똑같은 질문을 외우는 거죠. 그래서 결국 면접장에서 차이를 만드는 건, 얼마나 더 깊고 독창적으로 준비했느냐에 달려 있습니다.

제가 경험 속에서 배운 점을 나누자면, 남들이 하는 준비에서 멈추지 말고, 거기서 한 걸음 더 깊이 들어가 보시길 권합니다.

예를 들어, 유튜브 PM 자리에 지원한다고 가정해 보겠습니다. 대부분의 지원자는 서비스 구조를 공부하고, 자료를 정리하는 데서 준비를 끝냅니다. 하지만 여기서 멈추면 남들과 다를 게 없습니다. 진짜 차별화하려면 직접 유튜브 채널을 하나 만들어 보는 것입니다. 영상을 기획해서 올려 보고, 구독자 반응을 살펴보는 과정을 겪어야 비로소 알게 됩니다. 직접 채널을 만들어 보면 금세 알 수 있습니다. '이 기능은 생각보다 괜찮네.', '아 이건 왜 이렇게 불편하지?', '이런 건 추가되면 좋겠다.' 같은 생각들이 실제로 해봐야만 나옵니다. 이렇게 직접 해본 경험은 면접장에서 무엇보다 강력한 무기가 됩니다. 준비된 답변이 아니라, 자신이 부딪히며 얻은 깨달음을 말할 수 있기 때문입니다. 면접관들은 금세 구분합니다. 어디서 본 내용을 그대로 말하는 건지, 아니면 실제로 경험하며 고민한 흔적이 묻어나는 건지.

B2B 제품처럼 직접 써보기 어려운 경우도 있습니다. 그렇다면 그 제품을 실제 쓰는 사람을 찾아가 물어보면 됩니다. 실리콘밸리에선 링크드인을 활용해 현직자에게 조언을 구하는 게 흔한 방법이고, 한국에서도 커뮤니티나 지인을 통해 사용자 경험을 직접 들을 수 있습니다. 짧은 대화 한 번이, 몇 날 며칠 혼자 공부한 것보다 훨씬 값진 인사이트를 주기도 합니다.

저도 초기에 면접을 준비할 때, 단순히 제품을 써본 소감을 적는 데 그치지 않고 리뷰 데이터를 긁어와 분석한 적이 있습니다. 앱스토어와 플레이스토어 리뷰를 모아 감성 분석을 하고, 자주 언급되는 키워드를 시각화해 정리했죠. 면접장에서 이를 보여주니 면접관이 “이런 준비는 처음 본다.”며 놀라워했습니다. 그 순간 저는 다른 지원자와 확실히 구분될 수 있었습니다.

물론 이런 준비는 쉽지 않습니다. 제가 아는 한 한국인 지원자는 원하는 회사에 들어가기 위해 현직자에게 돈을 주고 수십 번의 모의 면접을 치렀습니다. 투자금이 만만치 않았지만, 그만큼 철저히 준비했고 결국 합격했습니다. 단순한 연습이 아니라 실제 피드백을 받고 회사가 어떤 대화방식과 지표를 중요하게 여기는지 체득했기 때문에 가능한 성과였습니다.

한국 지원자들의 강점은 꼼꼼함과 깊이입니다. 하지만 그 장점이 ‘겸손’과 결합해 겉으로 드러나지 못하는 경우가 많습니다. ‘이 정도는 말해도 될까?’ 망설이는 사이, 다른 지원자는 자신 있게 내세웁니다. 면접은 겸손을 증명하는 자리가 아닙니다. 내가 얼마나 준비했는지, 이 역할에 얼마나 잘 맞는 사람인지를 분명하게 보여주는 자리입니다. 준비한 것을 감추지 말고, 자신 있게 드러내야 합니다. 그것이 다른 지원자와 자신을 구분 짓는 가장 확실한 방법입니다.

여기서 한 걸음 더, 면접 자체를 보는 시각도 바꿔야 합니다. 많은 PM 면접은 사실 ‘좋은 제품을 만들 능력’보다 ‘말발’을 평가합니다. 한국식으로 치면 토론 대회처럼 말을 잘하는 사람이 유리한 거죠.

물론 큰 조직에서 살아남으려면 표현력도 중요합니다. 하지만 진짜 리더를 뽑으려는 자리라면, 이런 방식이 과연 옳을까요?

실리콘밸리 면접에서도 전형적인 질문이 많습니다. "가장 좋아하는 앱은 무엇이고, 어떻게 개선하겠는가?", "가장 실패했던 경험은?", "의사결정을 어떻게 하느냐?" 같은 질문들이죠. 이런 질문은 준비된 답변으로 대응하기 쉽지만, 사고력이나 리더십을 드러내기에는 한계가 있습니다. 오히려 가상의 시나리오를 던지는 질문이 훨씬 유효합니다. 예를 들어, "한국 시장에서 이 기능을 확장하려면 어떤 문제가 생길까?" 같은 질문은 예상 답이 없고, 지원자의 비판적 사고와 문제 해결 방식을 드러내 줍니다.

반대로, 어떤 회사들은 면접관이 똑똑해 보이려는 질문을 던지기도 합니다. "이 제품의 시장 규모를 지금 당장 추정해 보라."는 식이죠. 현실에서 PM이 그렇게 일하는 경우는 거의 없습니다. 이런 질문은 지원자에게 불필요한 압박만 주고, 좋은 후보자를 놓치게 만듭니다. 차라리 가상의 상황을 주고 깊이 파고들게 하면, 지원자의 리더십과 창의성을 훨씬 잘 볼 수 있습니다.

결국, 인터뷰에서 차별화한다는 건 남들과 똑같은 준비로는 부족하다는 뜻입니다. 직접 체험하고, 데이터를 분석하고, 회사가 쓰는 언어를 배우고, 면접관의 배경까지 이해하는 것. 그리고 무엇보다,

준비한 것을 숨기지 않고 자신 있게 꺼내는 태도입니다. 한국에서 '겸손은 미덕'이라 배웠더라도, 실리콘밸리 면접에서는 겸손이 오히려 자신을 가리는 족쇄가 될 수 있습니다. 여러분이 가진 철저함과 깊이를 드러내는 순간, 이미 절반은 다른 지원자들과 차별화되어 있는 것입니다.

라운드별 인터뷰 대비 - 제품 감각부터 리더십까지

실리콘밸리의 PM 인터뷰는 한 번에 끝나지 않습니다. 보통 여러 라운드를 거치는데, 크게 나누면 제품 감각(Product Sense), 실행 능력(Execution), 기술 이해(Tech), 행동 면접(Behavioral), 리더십(Leadership) 같은 영역을 평가합니다. 구글이나 메타 같은 빅테크 기업에서 특히 이런 구조가 뚜렷합니다. 한국 대기업 공채 면접이 'PT 면접, 인성 면접, 토론 면접'처럼 나뉘는 것과 크게 다르지 않습니다.

물론 인터넷에는 블로그, 유튜브, 강의 자료 등 수많은 준비 방법이 있습니다. 하지만 중요한 건 단순히 자료를 암기하는 것이 아니라, 내가 직접 체화해서 면접에서 자연스럽게 풀어낼 수 있느냐입니다.

제품 감각(Product Sense)

PM 면접에서 가장 자주, 또 까다롭게 등장하는 주제가 바로 제품 감각(Product Sense) 입니다. 애매한 상황을 제시하고, 지원자가 이를 어떻게 정의하고 풀어내는지를 보는 것이죠. 결국 질문의 본질은 "이 사람이 문제를 정확히 짚어내고, 새로운 기회를 열 수 있는 사고를 갖췄는가?"를 확인하는 데 있습니다.

많은 지원자들이 준비를 할 때 '서비스를 직접 써보고 리뷰를 몇 개 읽어봤다.' 정도에서 멈춥니다. 하지만 그것만으로는 차별화가 되지 않습니다. 누구나 할 수 있는 일반적인 이야기를 반복하면, 면접관의 기억에 남기 어렵습니다.

제가 여러 후보자를 평가하면서 느낀 점은, 대부분의 지원자가 답변을 시작하자마자 곧바로 "이런 기능을 만들면 좋겠다."는 식으로 아이디어를 던진다는 것입니다. 얼핏 창의적으로 보이지만, 사실은 깊이가 부족해 보일 때가 많습니다. 반대로 설득력 있게 다가오는 지원자들은 언제나 "왜?"라는 질문부터 시작합니다. 회사의 미션과 전략과 맞는지, 우리가 가진 강점이 이 영역에서 통할 수 있는지, 시장 규모가 충분히 크고 매력적인지, 그리고 경쟁사 대비 이길 수 있는 요소가 무엇인지부터 차근차근 짚어나갑니다. 이런 접근은 단순히 기능 아이디어를 늘어놓는 것과는 전혀 다른 무게감을 줍니다.

또 하나 중요한 것은 사용자 정의와 세분화입니다. 면접관이 "여행 관련 서비스를 설계해 보라."는 질문을 던졌다고 가정해 보겠습니다. 많은 지원자들이 '출장 가는 사람', '아이와 함께 여행하는 사람', '대학생 여행객'처럼 즉흥적으로 나누지만, 이 경우 서로 겹치기도 하고 기준이 모호하기 때문에 설득력이 떨어집니다. 훨씬 효과적인 방법은 큰 범주에서 출발해 점차 세분화하는 것입니다. 예컨대 "여행자는 크게 비즈니스 목적과 레저 목적이 있으며, 각각의 요구와 불편은 전혀 다르다."는 식으로 구조적으로 풀어내면 훨씬 명확합니다. 그리고 특정 집단을 선택할 때는 반드시 이유가 객관적이어야 합니다. 단순히 "이 그룹이 더 필요가 많아 보여서."가 아니라, 시장 규모, 사용 빈도, 지불 의향 같은 기준을 들어 설명해야 설득력이 생깁니다.

문제를 정의할 때도 흔히 발생하는 오류가 있습니다. 많은 지원자들이 "사용자들이 이런 게 필요하다."라는 수준에서 멈추는데, 이는 단순한 '니즈(Needs)'일 뿐입니다. 진짜 중요한 것은 그 과정에서 사용자가 겪는 구체적인 불편(Pain point)을 파고드는 것입니다. 예를 들어 "사람들이 여행지를 고르는 데 어려움을 겪는다."라는 말은 누구나 할 수 있습니다. 하지만 "여행지 정보를 모으려면 수많은 사이트를 돌아다녀야 하고, 가격 비교도 쉽지 않으며, 결국 선택에 자신감을 갖기 어렵다."라고 짚으면, 공감대와 깊이가 확 달라집니다. 면접관은 후보자가 단순한 관찰자가 아니라, 실제 사용자 입장에서 문제를 바라보고 있는지를 확인하려 합니다.

마지막으로 해결책 단계에서는 흔히 최신 기술 용어를 얹어놓고 마무리하는 실수를 자주 봅니다. "메타버스나 AI를 활용해 보겠습니다."라는 말은 겉보기에는 그럴듯하지만, 구체성이 없으면 오히려 역효과입니다. 오히려 좋은 접근은 "기존에 이미 검색 · 후기 사이트는 많지만, 정작 사용자가 가장 궁금해하는 건 '나와 비슷한 상황의 사람들이 어떤 선택을 했는가.'다. 그래서 AI를 활용해 나와 유사한 조건의 여행객 데이터를 추천하는 방식을 제안한다."처럼 기존 해법의 빈틈을 짚고, 거기에 새로운 차별점을 더하는 것입니다.

이렇듯 제품 감각 면접은 아이디어의 화려함을 묻는 자리가 아닙니다. 얼마나 논리적이고 구조적으로 문제를 이해하고, 사용자 관점에서 깊이 있게 파고들며, 회사의 전략과 맞닿은 해법을 제시할 수 있는지가 관건입니다. 지원자의 말이 준비된 스크립트를 읊는 것처럼 들리면 금세 드러납니다. 하지만 실제로 고민하고 체험하며 얻은 통찰을 녹여내면, 면접관은 바로 알아봅니다. 결국 좋은 답변은 남들이 쉽게 베낄 수 없는, 본인만의 사고 과정에서 비롯된 결과물이기 때문입니다.

실행 능력(Execution)

PM 면접에서 빠지지 않고 나오는 질문이 있습니다. "이 제품의 성공을 어떻게 정의하시겠습니까?", "어떤 목표를 세우시겠습니까?", "무엇을 기준으로 성과를 측정하시겠습니까?"와 같은 것들입니다. 이 질문은 단순히 숫자를 잘 외웠는지를 보려는 게 아니라, 후보자가 제품을 어떻게 이해하고 있고, 비즈니스와 사용자 모두에게 가치를 주는 지점을 얼마나 명확히 짚어낼 수 있는지를 확인하려는 의도입니다.

많은 분들이 처음에는 매출, 사용자 수 같은 단순 지표를 곧장 답으로 꺼냅니다. 틀린 건 아니지만, 이런 답변은 누구나 할 수 있기 때문에 차별성이 없습니다. 저도 처음에는 그랬습니다. 하지만 여러 자료를 찾아보고, 또 다른 PM 분들의 경험담을 들으면서 더 설득력 있게 접근하는 법을 배웠습니다. 핵심은 구조적으로 생각하는 힘입니다.

예를 들어, 어떤 분이 에어비앤비(Airbnb)를 예시로 이런 구조를 설명해 주신 적이 있습니다. "이 서비스의 이해관계자는 게스트, 호스트, 그리고 회사 세 축이다. 세 당사자가 모두 만족하는 순간은 언제인가? 바로 예약이 성사될 때다. 따라서 이 경우의 핵심 지표는 단순 '예약 건수'가 아니라 '예약된 숙박 일수'가 되어야 한다." 예약 일수가 늘어나야 호스트의 수익도 커지고, 회사의 수수료도 늘어나며, 게스트도 머물 곳을 찾았다는 의미이기 때문입니다.

이런 사고는 단순히 지표를 외운 게 아니라, 사용자와 회사의 가치를 동시에 이해하고 있다는 인상을 줍니다. 저도 실제 면접 준비 과정에서 '매출'이나 '활성 사용자 수'만을 답으로 내세우면 뭔가 허전하다는 피드백을 받은 적이 있는데, 이런 구조적인 접근을 익히고 나서 답변이 훨씬 단단해졌습니다.

또 다른 중요한 포인트는 지표를 쪼개 보는 습관입니다. 가령 '예약된 숙박 일수'를 다시 쪼개 보면, '활성 게스트 수와 게스트 1인당 예약 일수'라는 공식으로 표현할 수 있습니다. 여기서 게스트 수를 늘리려면 신규 유입, 기존 사용자 유지, 이탈 방지가 중요하고, 1인당 예약 일수를 늘리려면 호스트의 숙소 수와 품질이 받쳐줘야 합니다. 이렇게 공식을 풀어내면, 어떤 부분을 개선해야 전체 지표가 올라가는지 면접관에게 훨씬 명확하게 전달할 수 있습니다.

제가 다른 사례에서 들은 흥미로운 접근은, 특정 스타트업 면접 과제였다고 합니다. 면접관이 "이 서비스의 성공 지표를 어떻게 정의하겠느냐."고 물었는데, 한 지원자가 곧장 "사용자 수요에 비해 공급이 충분히 확보되어 있는가."라는 균형 문제부터 꺼냈다고 합니다. 그냥 "더 많은 예약을 만들어야 한다."가 아니라, 공급과 수요가 균형을 이뤄야 고객 경험이 무너지지 않는다는 점을 짚은 것이죠. 한국 대기업 서비스에서도 흔히 발생하는 문제입니다. 새로 나온 배달앱에서 공급자(식당)는 많은데 실제 주문이 따라주지 않으면 수수료 구조가 흔들리고, 반대로 수요는 많지만 입점 가게가 적으면 소비자가 금세 다른 플랫폼으로 옮겨가는 모습을 우리는 자주 봅니다.

여기서 중요한 건 단순히 목표, 지표를 정하는 것에서 끝나는 게 아니라, 트레이드오프와 보조 지표까지 고려하는 태도입니다. 예컨대 공급을 늘리려다 보면 양은 많아져도 질이 떨어질 수 있습니다. 아무리 많은 숙소가 있어도 평점 3점짜리 숙소만 남는다면 결국 손해입니다. 그렇기 때문에 '전체 숙소 수'라는 지표만 추적할 게 아니라, 일정 수준 이상의 평점을 유지하는 숙소 비율이나, 고객 불만 신고 건수 같은 보조 지표도 함께 관리해야 합니다. 이런 균형 감각이 있어야 면접관에게 '이 지원자는 숫자에만 매달리는 게 아니라 진짜 제품을 이해하는구나.'라는 인상을 줄 수 있습니다.

많은 분들이 흔히 하는 답변 중 하나가 "우리의 목표는 매출 증대입니다."인데, 이런 답은 피하는 게 좋습니다. 매출은 결과이지 출발점이 될 수 없습니다. 또 어떤 분들은 'AARRR' 같은 프레임워크를 달달 외워서 그대로 읊는데, 면접관 입장에서는 이미 수백 번 들어본 답변일 뿐입니다. 중요한 건 틀에 맞춘 암기가 아니라, 주어진 제품과 상황에 맞는 나만의 논리를 만들어 내는 것입니다.

결국 실행 능력을 평가하는 면접 질문은, 후보자가 얼마나 똑똑한 지표 이름을 꺼내는지를 보는 게 아니라, 실제 PM처럼 사고할 수 있는지를 확인하는 과정입니다. 저는 이 부분을 준비할 때, 직접 경험한 사례와 다른 분들의 인사이트를 조합해 가면서 연습했습니다. 그렇게 준비하다 보니, 면접장 안에서도 암기한 답변을 꺼내는 대신 제 생각을 제 언어로 설명할 수 있게 되었고, 면접관과 훨씬 자연스럽게 대화가 이어졌습니다.

기술 이해(Tech)

PM 인터뷰에서 기술 관련 질문은 회사마다, 팀마다 기대치가 크게 다릅니다. 어떤 회사는 비교적 가볍게 "엔지니어와 협업을 어떻게 했느냐?" 정도만 묻는 반면, 어떤 회사는 아예 기본적인 컴퓨터공학 개념이나 시스템 설계 문제까지 요구하기도 합니다. 예를 들어, 구글이나 메타 같은 회사에서는 여전히 "google.com을 입력하면 무슨 일이 일어나는가?" 같은 질문이 자주 나오고, API 중심의 회사나 AI 스타트업은 아예 코드 조각을 주고 이해할 수 있는지 시험하기도 합니다. 심지어 최근에는 LLM(대형 언어 모델)을 다루는 능력을 PM에게 직접 묻는 경우도 있습니다.

이쯤 되면 한국에서 경영학이나 인문학 전공을 하신 분들은 "나는 코딩 한 줄 못하는데, 이런 걸 다 알아야 하나?" 하고 겁을 먹기 쉽습니다. 저 역시 처음에는 그렇게 생각했습니다. 하지만 실리콘밸리의 면접관들이 진짜로 보고 싶은 것은 여러분이 엔지니어처럼 완벽하게 코드를 짜는 능력이 아닙니다. 기술을 이해하고, 그 언어로 소통하며, 제품의 의사결정을 할 수 있는지를 검증하려는 겁니다.

기술 질문은 보통 네 가지 범주로 나뉩니다.

첫째는 엔지니어와 협업 경험입니다. "엔지니어와 전략 계획을 어떻게 만들었느냐?", "기능 개발 일정 추정에 이견이 있었을 때 어떻게 조율했느냐?" 같은 질문이죠. 한국 기업에서는 여전히 PM이 요구사항을 일방적으로 넘기고 개발팀이 실행하는 구조가 많습니다. 하지만 실리콘밸리에서는 엔지니어가 초기 전략 단계부터 깊이 관여합니다. 데이터 분석, 사용자 조사 단계에서부터 함께 아이디어를 내고, 기능의 복잡성을 평가하며 우선순위를 정합니다. 그러니 면접에서 좋은 답변은 "내가 기획서를 다 써서 전달했다."가 아니라, "엔지니어를 전략 파트너로 존중했고, 초반부터 함께 고민했다."라는 태도를 보여주는 것입니다.

둘째는 과거 프로젝트의 기술적 맥락 이해입니다. 여기서는 "당신이 참여했던 제품의 아키텍처를 설명해 달라." 같은 질문이 나올 수 있습니다. 물론 세세한 코드까지 알 필요는 없습니다. 다만 데이터베이스, API, 마이크로 서비스 같은 기본 구성 요소가 어떻게 연결

돼 있었는지, 어디서 병목이 생겼는지, 어떤 트레이드오프가 있었는지 정도는 이해하고 있어야 합니다. 제가 들었던 사례 중 하나는, 어떤 지원자가 자신이 만든 앱에서 특정 국가의 사용자만 겪는 버그 때문에 몇 주 동안 원인을 찾았던 경험을 설명했는데, 면접관이 "이 사람은 기술적인 제약을 사용자 경험과 연결해서 이해하는구나."라고 높게 평가했다는 것입니다.

셋째는 기초적인 컴퓨터공학 지식입니다. 한국에서 경영학이나 디자인을 전공한 분들에게 가장 두려운 부분일 겁니다. "로드 밸런싱 알고리즘이 뭐냐?", "캐시와 데이터베이스의 차이를 설명하라." 같은 질문이 갑자기 튀어나올 수도 있습니다. 이런 질문은 사실 암기 외에는 답이 없는 경우가 많습니다. 그래서 저는 현직자들에게서 "최소한 면접에서 자주 묻는 개념 리스트는 외워 가라."는 조언을 들었습니다. 마치 한국에서 토익 단어장을 외우듯, 여기서는 '기술 단어장'을 준비하는 것이죠. 그리고 단순 암기에서 끝내지 말고, 면접관이 "이걸 비전공자에게 설명한다면 어떻게 하겠느냐?"라고 물을 때도 대비해야 합니다. "로드 밸런스는 교통경찰처럼 요청을 여러 서버에 분산시켜 주는 역할"이라고 쉽게 풀어낼 수 있어야 점수를 얻습니다.

넷째는 시스템 설계(System Design) 질문입니다. 사실 이건 원래 엔지니어 인터뷰에 더 가깝지만, API 중심의 회사나 인프라를 다루는 팀에서는 PM에게도 가볍게 물어보곤 합니다. "반려견 산책 예약 서비스를 만든다면 어떤 구조로 설계하겠느냐?" 같은 질문이 대표적입니다. 이때 중요한 건 세부 기술을 다 아는 게 아니라, '데이터는 어디에 저장할지.', '트래픽이 몰리면 어떻게 확장할지.', '품질을 어떻게 담보할지.' 같은 큰 그림을 논리적으로 설명하는 능력입니다. 한국에서라면, 쿠팡의 '로켓 배송' 시스템을 예로 들어 주문이 몰려도 물류가 무너지지 않으려면 어떤 구성 요소가 필요할까?"를 고민하는 것과 비슷합니다.

결국 기술 이해 파트에서 면접관들이 보고 싶은 것은 두 가지입니다. 첫째, 엔지니어와 같은 언어로 대화할 수 있는가. 둘째, 기술적 제약을 제품 전략과 연결해서 합리적인 결정을 내릴 수 있는가. 제가 들은 한 선배의 말이 기억납니다. "코드를 직접 짜라는 게 아니다. 다만 엔지니어가 왜 그 기능에 2주가 걸린다고 하는지 이해할 수 있어야 하고, 그 과정에서 제품 전략을 다시 조율할 수 있어야 한다."

한국에서 실리콘밸리 PM을 준비하는 분들께 드리고 싶은 조언은 이것입니다. 비전공자라고 해서 겁먹을 필요는 없습니다. 다만 기술을 '검은 상자'로 두지 말고, 최소한의 언어를 배우고, 그것을 제품과 연결 지을 줄 아는 사람이 되어야 합니다. 그러면 면접관은 여러분을 "코드 한 줄은 못 짜도, 엔지니어와 함께 큰 그림을 설계할 수 있는 PM"으로 평가할 것입니다.

경험(Behavioral) + 리더십(Leadership)

실리콘밸리에서 PM 면접을 준비하다 보면 반드시 마주하게 되는 질문이 있습니다. 바로 과거 경험을 기반으로 한 질문들입니다. 한국에서는 보통 '상황 면접' 혹은 '경험 질문'이라고 부르기도 하는데, 미국에서는 이게 굉장히 중요한 평가 요소입니다. 면접관은 후보자가 어떤 상황에서 어떻게 행동했는지를 보고, 앞으로도 비슷한 상황에서 어떻게 대처할지를 예측하려고 합니다. 단순히 똑똑한 사람인지, 아이디어가 좋은 사람 인지만을 보지 않고, 실제로 팀과 함께 일할 때 어떤 방식으로 문제를 풀어가는지를 보려는 것입니다.

예를 들어 "동료와 갈등이 생겼을 때 어떻게 해결했습니까?", "공식적인 권한이 없는 상황에서 팀을 이끌어 본 적이 있습니까?", "받고 싶지 않은 피드백을 받았을 때 어떻게 대처했습니까?" 같은 질문들이 대표적입니다. 한국 분들이 처음 들으면 "이런 걸 왜 묻지?" 싶을 수 있지만, 미국 회사에서는 이런 대답 속에서 지원자의 태도, 리더십 스타일, 성장 가능성을 읽어냅니다.

답변할 때 가장 중요한 건 구조입니다. 면접관은 동시에 메모도 해야 하고, 제한된 시간 안에서 지원자의 역량을 평가해야 하기에, 이야기의 흐름이 명확하지 않으면 좋은 인상을 남기기 어렵습니다. 그래서 제가 추천하는 방식은 STAR 기법인데, 상황(Situation), 과제

(Task), 행동(Action), 결과(Result)를 짧고 간결하게 풀어내는 방법입니다. 중요한 건 행동과 결과에 더 많은 비중을 두는 겁니다. 많은 한국인 지원자들이 배경 설명에 시간을 너무 쓰다가 정작 본인이 어떤 행동을 했는지, 그 결과가 무엇이었는지를 제대로 전달하지 못하는 경우가 많습니다.

제가 면접관으로 참여했을 때 인상 깊었던 답변이 있습니다. 한 지원자가 이렇게 말했습니다. "개발팀과 우선순위 때문에 갈등이 있었습니다. 저는 새로운 기능을 빠르게 실험해 보고 싶었지만, 개발팀은 기존 서비스 안정화 작업이 급하다고 했습니다. 그래서 저는 먼저 안정화가 왜 중요한지 개발팀의 입장을 충분히 듣고, 동시에 신규 기능을 소규모 사용자 대상으로만 시험해 보는 방안을 제안했습니다. 서버 부하도 크지 않고, 성공하면 바로 확장할 수 있는 방식이었죠. 결국 개발팀도 동의했고, 서비스 안정성은 유지하면서도 새로운 기능을 테스트할 수 있었습니다."

이 답변이 좋았던 이유는 단순히 '갈등이 있었다.'는 사실을 강조한 것이 아니라, 본인이 어떤 방식으로 이해관계자들을 설득하고 문제를 해결했는지를 구체적으로 보여주었기 때문입니다.

리더십을 보여주는 사례도 자주 묻습니다. 여기서 리더십이 꼭 "내가 팀장 역할을 했다."는 뜻은 아닙니다. 오히려 권한이 없는 상황에서 어떻게 팀을 이끌었는지를 많이 봅니다. 어떤 지원자는 이런 답을 했습니다. "저는 주니어였지만 신규 기능을 만들 때 여러 팀을 조율해야 했습니다. 저는 회의를 주도하기보다 먼저 각 팀원을 따로 만나 의견과 우려를 정리했고, 그 뒤 전체 회의에서는 각자가 이미 합의한 아이디어를 직접 발표하도록 했습니다. 저는 조율자의 역할을 했을 뿐인데, 그 과정에서 팀원들은 스스로 결정했다는 주인의식을 갖게 되었습니다." 이 답변이 인상적인 이유는 단순히 '리더십을 발휘했다.'가 아니라 구체적으로 어떤 방식을 통해 팀을 움직였는지를 보여줬기 때문입니다.

마지막으로 반드시 기억해야 할 건 결과를 말하는 것입니다. 한국 지원자들은 종종 "열심히 했다."에서 끝내는 경우가 많습니다. 하지만 면접관은 "그래서 어떤 변화가 있었는가?"를 듣고 싶어 합니다. 꼭 성공적인 결과일 필요는 없습니다. 실패했더라도 그 과정을 통해 무엇을 배웠는지를 솔직히 이야기하면 오히려 더 성숙한 인상을 줄 수 있습니다. "그 경험 덕분에 다음 분기에는 20% 더 빠른 출시를 할 수 있었습니다." 같은 문장 하나가 답변의 설득력을 완전히 바꿉니다.

여기서 한국인 지원자들이 특히 주의해야 할 점이 있습니다. 바로 지나치게 팀 공을 강조하거나, 겸손 때문에 본인의 역할을 축소하는 경우입니다. 한국에서는 팀워크와 겸손이 중요한 미덕이지만, 미국 면접에서는 '내가 어떤 기여를 했는가.'를 분명히 드러내야 합니다. "우리가 했다."가 아니라 "내가 주도적으로 한 행동이 무엇이었다."를 강조하는 것이 실리콘밸리 면접에서 차별화되는 핵심입니다.

결국 이런 경험 질문과 리더십 질문은 "당신은 실제로 어떤 상황에서 어떻게 행동했는가?"를 묻는 것입니다. 답변은 구조적으로, 그러나 건조하지 않게 구체적인 행동과 결과 중심으로 풀어내야 합니다. 그리고 한국적 습관을 조금 내려놓고, 내가 한 일을 분명히 드러내야 합니다. 이것이 실리콘밸리에서 통하는 방식입니다.

오퍼 협상: 실리콘밸리에서 한국인이 꼭 알아야 할 것들

많은 한국인 지원자들이 미국 빅테크 회사의 면접을 통과한 뒤 마지막 관문인 오퍼 협상에서 주저하는 경우가 많습니다. '괜히 더 요구했다가 오퍼가 취소되면 어떡하지?', '미국 문화는 직설적이라는데 내가 분위기를 망치면 어쩌지?' 이런 걱정 때문에, 충분히 더 나은 조건을 받을 기회를 스스로 포기하는 경우가 흔합니다. 하지만 실리콘밸리에서의 협상은 단순히 몇 천 달러를 더 받느냐의 문제가 아닙니다. 지원자가 얼마나 준비된 사람인지, 얼마나 회사에 가치를 더할 수 있는지를 보여주는 중요한 과정입니다.

최근 몇 년간 미국 테크 업계는 경기 침체와 구조조정으로 혼란이 있었습니다. 특히 2022~2023년에는 오퍼 취소 사례가 자주 보도되면서 협상에 대한 두려움이 커졌습니다. 그러나 지금은 상황이 다릅니다. 정상적인 수준에서 협상을 진행했는데 오퍼가 취소되는 경우는 거의 없으며, 대부분은 터무니없는 요구를 하거나 무례하게 행동했을 때 발생합니다. 다시 말해, 준비된 협상은 여전히 충분히 가능하고, 협상을 포기하는 것이 오히려 본인에게 더 큰 손해입니다.

협상을 준비할 때 가장 중요한 것은 회사의 분위기와 신호를 읽는 일입니다. 저는 이것을 '리스크 온도계'라고 부릅니다. 예를 들어, 최종 후보가 여러 명이라면 협상력이 낮을 수 있습니다. 반대로 "당신이 최우선 후보"라는 뉘앙스를 받거나 회사가 최근 투자 유치를 성공적으로 마쳤다는 소식을 들었다면 협상의 여지가 큽니다. 채용 담당자가 "보상은 조정 가능하다."고 말한다면 이는 분명한 '초록불 신호'입니다. 반대로 "내일까지 결정해야 한다."는 식의 촉박한 압박이나, 대답이 지나치게 모호하다면 신중해야 합니다. 협상은 결국 숫자 싸움이 아니라, 상대가 보내는 작은 신호들을 얼마나 잘 읽는가에 달려 있습니다.

많은 분들이 흔히 하는 실수는 '숫자 집착'입니다. 머릿속에 '연봉은 반드시 20만 달러여야 해.'라는 기준을 세워두면, 그 숫자에 매달리다가 협상을 망칠 수 있습니다. 중요한 것은 액수 자체가 아니라, 그 금액이 왜 합리적인지, 본인이 어떤 가치를 제공할 수 있는지 논리적으로 설명하는 것입니다. 예를 들어 "저는 이전 회사에서 고객 활성도를 30% 끌어올린 경험이 있습니다. 비슷한 방법을 이 팀에도 적용할 수 있고, 그만큼 제 책임 범위도 커질 수 있다고 생각합니다. 그렇기 때문에 이번 오퍼도 그에 맞게 조정되길 바랍니다."라는 식으로 말하는 편이 훨씬 설득력이 있습니다.

또 하나 효과적인 방법은 입사 후 30 · 60 · 90일 계획을 구체적으로 제시하는 것입니다. "첫 달에는 팀이 사용하는 툴과 프로세스를 익히고 문제점을 정리하겠습니다. 두 번째 달에는 고객 피드백과 데이터를 분석해 개선이 필요한 기능을 찾아내겠습니다. 세 번째 달에는 작은 개선안을 실제 서비스에 적용해 성과를 확인하겠습니다." 이런 식의 전략 계획을 보여주면 '이 지원자는 입사하자마자 바로 기여할 준비가 되어 있구나.'라는 신뢰를 줄 수 있습니다. 때로는 단순한 연봉 인상뿐만 아니라 직급까지 끌어낼 수 있는 힘이 됩니다.

협상에서는 또 한 가지 주의할 점이 있습니다. 너무 이른 단계에서 구체적인 희망 연봉을 말하지 않는 것이 좋습니다. 초기 단계에서는 "저는 제 역량과 기여도를 먼저 보여드리고 싶습니다. 충분히 평가해 주신 뒤 공정한 오퍼를 주시면 감사하겠습니다."라는 식으로 대응하는 게 안전합니다. 반대로 경력이 충분하고 시장 가치를 잘 아는 경우라면, 오히려 원하는 보상 범위를 먼저 제시해 협상의 기준점(Anchor)을 세우는 것이 유리할 때도 있습니다. 중요한 건 본인의 상황과 시장 가치에 맞는 전략을 쓰는 것입니다.

또한 'Final offer'라는 표현이 나왔다고 해서 그것이 정말 최종이라는 뜻은 아닙니다. 실무에서는 한두 차례 더 조정되는 경우가 많습니다. 다만 그 이후에도 회사가 전혀 움직이지 않는다면, 그 시점에서 받아들일지 말지를 결정하는 게 현명합니다. 일반적으로 협상은 두세 번의 라운드에서 마무리되며, 그 이상 끌어봤자 변화는 크지 않습니다.

여기서 꼭 기억해야 할 것은, 채용 담당자(Recruiter)는 단순한 전달자가 아니라 내부에서 당신을 위해 보상 위원회와 매니저를 설득하는 '내부 변호사'라는 점입니다. 따라서 협상이 끝날 즈음에는 반드시 감사 인사를 전해야 합니다. "여기까지 조율해 주셔서 진심으로 감사드립니다. 덕분에 이 회사에 합류하는 결정이 훨씬 확신이 생겼습니다."라는 말 한마디가 장기적으로 긍정적인 인상을 남깁니다.

그리고 협상은 결코 연봉만 보아서는 안 됩니다. 보너스, 스톡옵션이나 RSU(제한부 주식 단위), 베스팅(Vesting) 일정, 리프레시(Refresh) 정책, 사인 온 보너스(Sign-on bonus), 건강보험, 리로케이션 지원, 워라밸과 팀 문화까지 모두 포함해서 '총보상(Total Compensation)'을 보는 것이 중요합니다. 예를 들어, 연봉이 다소 낮아도 매년 새로운 RSU를 리프레시로 지급하는 회사라면 장기적으로 훨씬 유리할 수 있습니다. 반대로 초기에 높은 연봉을 준다 하더라도 주식 보상이 전혀 없거나, 베스팅 구조가 불리하면 오히려 손해를 볼 수 있습니다.

시장 데이터를 확인하는 것도 도움이 됩니다. 미국에서는 Levels.fyi, Glassdoor, Blind 같은 플랫폼에서 실제 직원들의 연봉과 오퍼 사례를 공유합니다. 한국으로 치면 잡플래닛 같은 곳과 비슷한 개념입니다. 비슷한 규모와 단계의 회사, 유사한 직무와 레벨에서 어떤 보상을 받는지가 가장 좋은 기준점이 됩니다. 이를 통해 '내 요구가 터무니없는 게 아니라, 시장 평균에 기반한 합리적인 기대'임을 증명할 수 있습니다.

마지막으로, 모든 합의는 반드시 문서로 남겨야 합니다. 오퍼 레터(Offer letter)에 명시되지 않은 구두 약속은 나중에 문제가 될 수 있습니다. "사실은 내년에 승진 기회를 주기로 했는데요." 같은 말은 기록이 남지 않으면 의미가 없습니다. 비자 지원, 직급, 리모트 근무 가능 여부, 입사 시기 등 본인에게 중요한 조건은 반드시 서면으로 확인해야 합니다.

결국 협상이란 단순히 눈앞의 숫자를 최대화하는 기술이 아니라, 앞으로의 커리어를 어떻게 설계하고 자신의 가치를 어떻게 입증할 것인지에 대한 전략적 대화입니다. 한국인이 실리콘밸리라는 낯선 무대에 설 때, '내가 원하는 만큼 받아내야겠다.'는 태도보다는 '내가 어떤 의미 있는 기여를 할 수 있는 사람인지 확신을 주겠다.'는 자세로 임하는 것이 훨씬 중요합니다. 그렇게 접근하면 협상은 두려운 관문이 아니라, 오히려 본인의 준비성과 전문성을 보여줄 수 있는 무대가 됩니다.

보상과 주식:
총보상(TC)의 구성과 이해

실리콘밸리에서 제안을 받을 때 가장 먼저 부딪히는 벽 중 하나는 보상 구조를 이해하는 일입니다. 한국에서는 연봉이라는 개념이 주로 기본급과 일부 성과급으로 단순하게 구성되는 경우가 많지만, 미국 빅테크에서는 총보상(TC, Total Compensation)이라는 개념으로 설명됩니다. 총보상은 기본급, 보너스, 주식 보상, 그리고 다양한 혜택으로 나뉘어 있습니다.

기본급은 가장 단순합니다. 매달 고정적으로 들어오는 급여로 회사 실적과 관계없이 지급됩니다. 한국의 직장인들이 흔히 연봉이라 부르는 것과 유사합니다. 하지만 실리콘밸리에서는 경력이 쌓일수록 기본급 비중이 점점 줄고, 회사 성과에 연동되는 보너스나 주식 보상 비중이 훨씬 커집니다. 회사와 함께 성장하며 성과를 내는 만큼 더 큰 보상을 받는 구조라고 이해하시면 됩니다.

보너스는 연 1회나 2회 지급되는데, 단순히 회사 실적에만 달려 있는 것이 아니라 개인의 성과와 직급까지 함께 반영됩니다. 예를 들어, 같은 레벨의 동료라도 어떤 사람은 목표를 초과 달성해 150%를 받는 반면, 다른 사람은 100%에 그칠 수 있습니다. 회사가 좋은 실적을 냈다면 전체 직원에게 곱해지는 비율도 올라갑니다. 이 때문에 보너스는 매우 유동적이고, 특히 시니어로 올라갈수록 보너스가 총보상에서 차지하는 비중이 상당히 커집니다.

하지만 실리콘밸리 보상 구조의 진짜 핵심은 주식 보상입니다. 한국에서도 최근 몇 년 사이에 스타트업이나 대기업 일부에서 스톡옵션을 주는 사례가 늘고 있지만, 미국 빅테크만큼 체계적이고 대규모로 주식 보상을 활용하는 곳은 많지 않습니다. 이 주식 보상은 단순한 '덤'이 아니라, 때로는 기본급보다 훨씬 더 큰 금액을 차지하는 핵심 보상입니다. 회사의 성과와 주가에 직접 연결되어 있기 때문에 직원 개개인이 회사의 장기적 성장과 가치를 함께 고민하도록 만드는 장치이기도 합니다.

여기서 중요한 개념이 베스팅(Vesting)입니다. 베스팅은 쉽게 말해 '주식을 다 받으려면 일정 기간 근무해야 한다.'는 조건입니다. 가장 흔한 방식은 4년 베스팅에 1년 클리프(Cliff)가 붙는 구조입니다. 예를 들어, 4년 동안 총 4,800주의 주식을 받기로 했다면, 첫 해에는 아무것도 받지 못하다가 1년이 되는 시점에 1,200주가 한 번에 베스팅 됩니다. 이후에는 매달 100주씩 꾸준히 지급되는 식입니다. 덕분에 직원이 회사에 장기간 머물며 성과를 내도록 유도하는 효과가 있습니다. 만약 11개월 만에 회사를 그만두면, 열심히 일했더라도 한 주도 손에 쥘 수 없는 경우가 생기죠.

주식 보상에도 종류가 있습니다. 스타트업 단계에서 흔히 주어지는 것은 스톡옵션(Stock option)입니다. 이는 주식을 특정 가격(행사가격, Strike price)에 살 수 있는 권리입니다. 예를 들어, 주식을 1달러에 살 수 있는 옵션을 받았는데, 몇 년 뒤 회사가 커져 주가가 50달러가 된다면, 직원은 1달러에 사서 50달러에 팔아 큰 차익을 얻을 수 있습니다. 다만 옵션은 '사는 권리'이기 때문에 회사를 떠날 때는 일정 기간 안에 실제 돈을 내고 주식을 사야 하는 부담이 있습니다.

반대로, 페이스북이나 구글 같은 상장사 또는 대형 회사에서 주는 것은 주로 RSU(Restricted Stock Unit)입니다. RSU는 주식 자체를 조건부로 부여하는 방식이라 별도로 돈을 내지 않아도 됩니다. 다만 RSU가 베스팅되는 순간, 해당 주식은 과세 대상이 되기 때문에 세금 부담이 발생합니다. 상장사가 아닌 스타트업에서 RSU를 받는 경우, 아직 현금화가 불가능한데 세금만 먼저 내야 하는 어려움이 있어 보통은 옵션 형태가 더 일반적입니다.

또 하나 놓치면 안 되는 부분이 사인 온 보너스(Sign-on bonus)입니다. 이는 회사에 입사할 때 한 번에 지급되는 보너스인데, 보통 이직 과정에서 후보자의 리스크를 줄이거나 다른 회사의 제안을 눌러버리기 위해 사용됩니다. 금액은 수만 달러에서 많게는 수십만 달러까지도 가능하며, 대신 일정 기간(예: 1년) 내 퇴사하면 비율에 따라 반환해야 하는 조건이 붙습니다. 한국에서도 간혹 '계약금' 형태로 유사한 제도가 있지만, 규모와 보편성 면에서는 실리콘밸리가 훨씬 큽니다.

이 밖에도 실리콘밸리에서는 식사 제공, 건강보험, 치과 보험, 셔틀 서비스, 이주 보너스(Relocation bonus) 등 다양한 혜택이 따라옵니다. 특히 의료보험은 한국과 달리 개인이 직접 가입해야 하는 미국 환경에서는 굉장히 중요한 요소입니다. 단순히 '연봉이 얼마냐.'를 보는 것보다, 이런 혜택까지 고려해야 실질적인 총 보상을 제대로 평가할 수 있습니다.

결국 미국에서의 보상 구조는 단순히 매달 받는 월급을 넘어, 얼마나 장기적으로 회사와 함께 성장할지를 묻는 질문과도 같습니다. 한국인으로서 실리콘밸리에서 일하고 싶다면, 이 구조를 제대로 이해하고 협상 과정에서 총 보상의 각 요소를 어떻게 조율할지를 전략적으로 고민하는 것이 무엇보다 중요합니다.

Part 8.

문제 예제들 + 풀이

프로덕트 센스 - 구글 기출 문제 #1

> "Say you're the PM for a grocery store, and foot traffic increases 10x. How would you redesign the store to accommodate the new traffic?"

구글 PM 인터뷰에서 자주 등장하는 유형의 질문입니다.

처음 들으면 황당하게 느껴지실 겁니다. 그런데 이 질문의 의도는 '정답'을 찾는 게 아닙니다. 문제를 어디서부터 바라보고, 어떤 흐름으로 쪼개며, 무엇을 먼저 해결할지를 보여 달라는 겁니다.

그래서 가장 먼저 해야 할 일은 무조건 질문을 던지는 것입니다. 왜 손님이 갑자기 늘었는지, 매장을 완전히 새로 바꾸는 건지 아니면 배치만 조정하는 건지, 문제의 범위를 확인하는 거죠. 단, 질문이 많다고 좋은 건 아닙니다. 핵심과 관련 없는 걸 묻기 시작하면 오히려 '시간 끌기'처럼 보일 수 있습니다. 면접관이 듣고 싶은 건 문제 해결과 직접 연결된 질문들입니다.

이제 흐름을 따라가 보겠습니다. 입구부터가 문제일 수 있습니다. 출입문이 좁거나 자동문이 아니라면, 문 앞에서부터 병목 현상이 생깁니다. 다음은 매장 동선입니다. 통로가 충분히 넓은지, 장바구니가 교차할 수 있는 공간이 있는지, 사람들이 몰리는 인기 상품 코너가 지나치게 한쪽에 몰려 있지는 않은지 짚어야 합니다. 한국 마트에서도 주말이면 라면 코너나 신선식품 코너 앞이 유난히 붐비는 걸 떠올리면 이해하기 쉽습니다.

그리고 재고와 운영도 중요한 포인트입니다. 손님이 10배로 늘었는데 공급망은 그대로라면 매대가 금세 비게 됩니다. 협력업체가 이 수요를 감당할 수 있는지, 직원이 얼마나 빨리 채울 수 있는지, 이런 걸 물어보는 게 핵심입니다. 마지막은 계산대와 주차 같은 후반부 경험입니다. 쇼핑은 빨리했는데 계산대에서 30분 넘게 서 있다면 아무 소용이 없습니다. 계산대를 늘리거나 셀프 계산대를 도입하는 방법, 혹은 앱으로 미리 결제를 처리하는 방식까지 제시할 수 있습니다.

면접에서 중요한 건 이렇게 전체 흐름을 놓치지 않고 설명하는 것입니다. 입구에서 출구까지의 여정을 따라가면서, 어디가 병목이고 무엇을 우선으로 해결할지를 논리적으로 말하면 됩니다. 어떤 지원자는 주차장을 최우선으로 둘 수도 있고, 다른 지원자는 계산대를 먼저 말할 수도 있습니다. 정답은 없습니다. 다만 일관된 기준과 이유가 있어야 합니다.

실제 면접 자리에선 긴장 때문에 이런 사고의 흐름이 잘 안 잡힐 수도 있습니다. 그래서 미리 연습하면서 문제를 구조화하고, 질문을 던지고, 우선순위를 잡아 말하는 습관을 만들어 두는 게 좋습니다. 구글이 이런 질문을 던지는 이유는 결국 '이 사람이 복잡한 문제를 어떤 방식으로 풀어가는지.'를 보고 싶어 하기 때문입니다.

프로덕트 센스 - 메타
기출 문제 #2

"Pick an app you use a lot on your phone. How would you improve it?"

실리콘밸리 PM 인터뷰에서 자주 나오는 질문 중 하나가 "당신이 자주 쓰는 앱을 하나 고르고, 어떻게 개선할지 이야기해 보라."입니다. 메타 같은 회사에서는 "자사 제품은 고르지 말라."고 못을 박는 경우도 있습니다. 워낙 많은 지원자들이 미리 준비해 와서 똑같은 대답이 반복되는 걸 지겹게 들었기 때문이죠.

이 질문의 핵심은 진짜 내가 좋아하는 앱을 고르는 게 아닙니다. 오히려 사전에 충분히 분석해 두고, 문제와 개선 방안을 논리적으로 풀어낼 수 있는 앱을 고르는 게 더 현명합니다. 많은 분들이 무심코 인스타그램을 예로 들면서 "릴스 알고리즘을 개선하겠다."고 말합니다. 그런데 면접관이 그 분야 전문가라면 금세 깊은 질문이 들어

오고, 본인이 정확한 기준선이나 데이터 없이 말하다 보면 쉽게 함정에 빠집니다. 결국 인터뷰는 내가 하고 싶은 얘기를 잘 풀어내는 자리이기 때문에, 선택 자체에서 승부가 갈리기도 합니다.

예를 들어 제가 자주 쓰는 앱 중 하나를 고른다면, 저는 종종 '식당 리뷰 앱' Yelp을 떠올립니다. 한국이라면 카카오나 네이버 지도 리뷰 같은 서비스가 비슷한 사례가 될 수 있겠습니다. 많은 사람들이 한두 번쯤은 써본 만큼 익숙하지만, 그렇다고 파워유저는 아닐 가능성이 높습니다. 그래서 오히려 개선 아이디어를 내기 좋은 대상이 됩니다. 예를 들어 이런 앱들은 기본적으로 가게 정보와 리뷰는 잘 보여주지만, 정작 '내 친구가 요즘 어떤 가게를 찾아봤는지.', '무엇을 먹고 싶어 하는지.'까지 이어 주진 못한다고 설명할 수 있습니다. 이런 맥락을 짚어내면 면접관도 고개를 끄덕이며 공감하게 됩니다.

그다음에는 어떻게 개선할지를 사용자 여정에 맞춰 간단히 설명하면 됩니다. 앱이 어떤 화면을 통해 이 기능을 보여줄지, 사용자는 어떤 흐름으로 참여하게 될지, 굳이 세부 구현까지 들어갈 필요는 없습니다. 중요한 건 사용자 입장에서 얼마나 자연스럽고 즐겁게 경험할 수 있을지를 보여주는 겁니다. 그리고 나아가 이런 변화가 단순히 편리함을 넘어, 회사 입장에서는 어떤 가치를 만들어 낼지도 연결해야 합니다. 예를 들어 '친구 추천을 통한 방문율 증가 → 리뷰 작성 활성화 → 광고주에게 매력적인 플랫폼'이라는 선순환 구조를 짚어줄 수 있다면 금상첨화입니다.

결국 이 질문은 '내가 얼마나 사용자의 입장에서 공감하고, 동시에 사업적 성과까지 그려낼 수 있는 사람인가.'를 보는 장치입니다. 꼭 Yelp 일 필요는 없습니다. 본인이 자주 쓰는 앱 중에서 '다른 사람들도 분명히 겪는 불편'을 뽑아내고, 그것을 설득력 있게 풀어낼 수 있다면 훨씬 좋은 인상을 남길 수 있습니다. 면접관에게 필요한 건 정답이 아니라, '이 지원자는 문제를 구조적으로 보고, 사용자를 이해하고, 비즈니스 언어로 풀어낼 줄 아는구나.'라는 확신입니다.

프로덕트 센스 - 마이크로소프트 기출 문제 #3

"Design a smartphone for toddlers."

이 질문은 마이크로소프트에서 실제로 나온 기출 문제 중 하나입니다. "유아용 스마트폰을 디자인해 보라."는 요청은 얼핏 농담처럼 들리지만, 사실은 지원자의 창의성과 문제 정의 능력을 보려는 의도가 담겨 있습니다. 면접관이 알고 싶은 것은 '이 사람이 얼마나 엉뚱한 답을 내놓는가.'가 아니라, '문제를 어떻게 풀어가기 시작하는가' 입니다.

우선 중요한 것은 질문 자체를 곧이곧대로 받아들이지 않는 태도입니다. 정말로 두 살, 세 살 아이에게 스마트폰을 쥐여주는 게 목적일까요? 아니면 아이를 키우는 부모가 직면한 특정 문제를 기술로 풀어보라는 은유적 질문일까요? 바로 이 지점에서 사고의 깊이가 갈립니다. '왜 유아에게 스마트폰이 필요한가?'라는 물음을 스스로 던지고, 그 답을 찾아가는 과정이 곧 면접관이 보고 싶어 하는 사고의 흐름입니다.

현재 시중에 나와 있는 스마트폰은 사실상 성인 중심으로 설계되어 있습니다. 화면 밝기, 무게, 인터페이스, 앱 구조 모두 아이에게는 과합니다. 부모의 입장에서 보면 아이가 스마트폰을 직접 쓰는 게 목적이 아니라, 교육용 영상을 짧게 보여주거나 두세 개의 학습 앱을 제한적으로 사용하게 하는 정도가 필요할 뿐입니다. 그럼에도 지금의 스마트폰은 너무 많은 기능을 담고 있어, 오히려 아이에게 불필요한 자극과 위험을 줍니다. 따라서 이 문제는 '유아용 스마트폰'을 만드는 것 같지만, 실제로는 '아이와 부모 모두가 안심하고 쓸 수 있는 새로운 형태의 기기'를 상상해 보라는 요구라고 할 수 있습니다.

그렇다면 어떤 방향으로 생각을 전개할 수 있을까요? 우선 형태와 안전성입니다. 아이 손에 맞는 크기와 무게, 쉽게 부서지지 않는 내구성, 눈 건강을 해치지 않는 밝기 조절이 중요합니다. 그다음은 콘텐츠의 범위와 제약입니다. 무제한으로 쓸 수 있는 스마트폰이 아니라, 부모가 미리 정한 몇 가지 앱과 영상만 사용할 수 있도록 제한하는 구조가 필요합니다. 마지막으로 부모의 관점에서 생각해야 합니다. 아이에게 기기를 쥐여주면서도 '이게 정말 도움이 될까?'라는 고민을 덜어줄 수 있어야 합니다. 예컨대 화면 사용 시간을 자동으로 관리해 주거나, 아이가 어떤 콘텐츠를 얼마나 보고 있는지를 부모가 쉽게 확인할 수 있다면 더 안심할 수 있습니다.

이 문제에서 정답은 없습니다. 어떤 면접관은 하드웨어의 디자인을 더 깊이 보고 싶어 할 수 있고, 어떤 면접관은 부모의 사용성에 집중하는 답변을 좋아할 수도 있습니다. 중요한 것은 논리와 우선순위입니다. 제한된 시간 안에 문제를 구조화하고, 왜 이 선택이 의미 있는지 명확히 설명하는 사람이 좋은 평가를 받습니다.

실제로 이런 질문은 면접관도 잘 아는 주제를 다루는 경우가 많습니다. 아이를 키워본 경험이 없더라도, 최소한 '내가 이런 상황이라면 어떤 게 가장 필요할까?'라는 입장을 분명히 갖고 대답하는 것이 중요합니다. 주저하지 말고, 논리적 근거와 함께 본인의 생각을 설득력 있게 풀어내면 됩니다.

결국 이 문제는 스마트폰이 아니라 지원자 본인을 평가하는 질문입니다. 아이디어의 완성도가 아니라 문제를 정의하고 풀어나가는 방식, 즉 '프로덕트 센스'를 보여주는 데 초점이 있습니다. 면접을 준비하시는 분들은 유아용 스마트폰이라는 가상의 상황에 얽매이지 말고, '사용자의 필요를 어떻게 정의할 것인가.', 그리고 '그 필요를 제품에 어떻게 녹일 것인가.'라는 본질적 질문으로 접근해 보시면 좋습니다.

메트릭 - 메타
기출 문제 #1

> "Facebook Jobs lets users post, search for, and apply for jobs. If you were the PM on this product, how would you measure impact?"

이 질문이 던지는 핵심은 간단합니다. "이 제품이 정말로 사람들에게 도움이 되고 있는가?"를 어떻게 확인할 것인가 하는 것입니다. 단순히 클릭 수나 페이지뷰처럼 겉으로 보이는 숫자를 나열하는 것은 면접관이 듣고 싶은 답이 아닙니다. 이 서비스의 본질은 구직자와 기업의 연결을 실제 채용으로 이어지게 하는 데 있습니다. 그렇다면 성과 역시 실제로 연결이 일어나고 있는지를 중심으로 잡아야 합니다.

구직자 입장에서 본다면, 단순히 채용 공고를 얼마나 많이 보았는지 보다 그 경험이 실제 기회로 이어졌는지가 더 중요합니다. 지원을 했을 때 면접으로 이어졌는지, 그리고 결국 채용으로까지 연결되었는지가 가장 명확한 기준이 됩니다. 면접 전환율이나 채용까지 걸린 평균 시간 같은 지표가 그 예입니다. 이 수치가 높다는 것은 공고가 실제로 구직자에게 의미 있었고, 시간 낭비가 아니라는 뜻입니다.

기업의 시선으로 보면 조금 다릅니다. 기업은 얼마나 빨리, 얼마나 적은 비용으로 좋은 사람을 찾았는지가 중요합니다. 따라서 공고를 올린 뒤 자리가 채워지기까지 걸린 시간, 지원자의 적합도, 다른 채용 경로와 비교했을 때 비용이 얼마나 절약되었는지를 지켜봐야 합니다. 만약 "이 플랫폼을 쓰니 기존보다 절반의 시간에 사람을 뽑을 수 있었다."는 결과가 나온다면, 그 자체로 서비스의 가치를 입증하는 것입니다.

또 하나 놓치기 쉬운 부분이 있습니다. 바로 시장의 건강성입니다. 표면적으로는 공고와 지원이 활발해 보여도, 정작 스팸성 공고가 많거나 지원자의 질이 낮다면 모두가 불만을 느낄 수밖에 없습니다. 이런 경우는 단기적으로는 성과가 있어 보이지만, 장기적으로는 신뢰를 잃게 됩니다. 그래서 허위 공고를 얼마나 잘 걸러내는지, 지원이 얼마나 실제 면접과 채용으로 이어지는지 같은 지표가 반드시 필요합니다.

결국 제가 면접에서 답한다면 이렇게 정리할 것입니다. "이 서비스의 성과는 실제 채용으로 이어진 건수를 가장 중요한 기준으로 삼겠습니다. 그 위에 구직자 입장에서의 전환율, 기업 입장에서의 채용 속도와 비용 절감 효과, 그리고 시장의 신뢰도를 담보할 수 있는 지표들을 함께 추적하겠습니다. 그래야만 이 서비스가 단순히 분주해 보이는 플랫폼이 아니라, 사람들에게 실제 가치를 주는 장으로 성장할 수 있습니다."

리더십 1문제 - 구글

> "Tell me about a time when it was difficult for you to set up success metrics for a product launch. What made it so challenging?"

면접에서 이런 질문이 나올 수 있습니다.

"제품을 출시할 때 성과 지표를 정하기 어려웠던 경험이 있나요? 무엇이 가장 힘들었나요?"

이 질문은 단순히 지표를 얼마나 잘 정했는지를 묻는 게 아닙니다. 복잡한 상황 속에서 어떤 갈등이 있었고, 그것을 어떻게 풀어내며 리더십을 보였는지를 평가하려는 겁니다.

예를 들어 페이스북의 메인 화면 알고리즘을 개선하는 프로젝트를 떠올려 보겠습니다. 목표는 사람들이 더 흥미 있어 하는 글을 먼저 보여주어 체류 시간을 늘리는 것이었습니다. 처음에는 이용자 참여도, 그러니까 좋아요 나 댓글, 머무른 시간을 주요 지표로 삼았습니다. 그런데 실험을 시작하자 광고팀이 강하게 반대했습니다. 글 노출 방식이 바뀌면서 광고 기회가 줄고, 단기 매출이 떨어질 수 있다는 이유였습니다. 운영팀은 또 안정성을 우려하며 적용 속도를 늦추자고 주장했습니다. 같은 회사 안에서도 '무엇을 성공으로 볼 것인가.'에 대한 기준이 크게 엇갈렸던 겁니다.

이럴 때 PM의 역할은 숫자를 정하는 게 아니라, 각 팀의 우려를 인정하면서도 장기적인 관점을 제시하는 것이었습니다. "단기적으로 광고 매출이 줄 수는 있지만, 사람들이 더 오래 머물면 결국 광고 효과와 수익도 늘어날 것."이라는 논리를 데이터로 뒷받침했습니다. 동시에 광고 매출이 일정 수준 이하로 떨어지지 않도록 보조 지표를 설정해 주면서 다른 팀도 안심할 수 있었습니다. 이렇게 사용자 경험을 최우선에 두면서도 이해관계자들의 불안을 완전히 무시하지 않고 합의점을 만들어 내는 것이 PM의 핵심 역할이었습니다.

결국 이런 경험을 통해 배울 수 있는 점은, 성공 지표란 단순히 하나의 숫자를 정하는 문제가 아니라는 것입니다. 각 팀이 무엇을 두려워하는지 파악하고, 서로 다른 이해를 조율해 모두가 납득할 수 있는 기준을 세우는 과정 자체가 바로 리더십을 보여주는 순간입니다. 면접관이 보고 싶어 하는 것도 바로 이런 부분입니다.

앞으로의 길

여기까지 읽어주신 분들께 감사드립니다. 앞에서부터 차근차근 따라오신 분이든, 중간을 건너뛰고 마지막까지 오신 분이든, 이 책을 펼쳐주셨다는 사실만으로도 제게는 큰 의미가 있습니다.

제가 원고를 쓰기 시작한 이후에도 PM이라는 역할은 계속 변해왔습니다. 아마 몇 년이 지나면 이 책에서 다룬 내용 중 일부는 더 이상 유효하지 않을 수도 있습니다. 그렇지만 변하지 않을 것 또한 분명히 있다고 믿습니다. 결국 PM이란 사람과 함께 일하는 일이기 때문입니다. 인공지능이 점점 더 많은 영역으로 들어오고 있지만, 사람을 설득하고, 협력하고, 신뢰를 쌓는 과정은 앞으로도 계속 필요할 것입니다.

실리콘밸리에서 PM이 되는 길은 결코 쉽지 않습니다. 비용의 장벽이 될 수도 있고, 비자 문제나 필요한 역량을 갖추는 일도 만만치 않습니다. 그중 어떤 부분은 개인이 아무리 노력해도 넘기 어려운 경우가 있습니다. 다만 제가 이 책을 통해 드리고 싶었던 건, 최소한 어떤 능력을 준비해야 하는지, 또 어디서부터 시작하면 좋을지에 대한 감각입니다. 비용과 비자 문제는 통제할 수 없는 요소가 많지만, 실력을 쌓는 일은 지금 당장 시작할 수 있습니다.

저는 결국 작은 걸음을 하나씩 쌓아가면 길이 열린다고 믿습니다. 그 길이 모두에게 똑같이 열려 있는 것은 아니지만, 진심으로 원한다면 조금 더 먼 길이라도 끝내 닿을 수 있다고 생각합니다. 설령 실리콘밸리 PM이라는 목표에 직접 도달하지 못하더라도, 이 책에서 얻은 작은 통찰이나 단서들을 각자의 자리에서 활용할 수 있다면 충분히 의미 있는 여정이 될 것입니다.

그리고 마지막으로, 이 책을 덮으며 다음 세 가지를 꼭 마음에 새겨 두셨으면 합니다:

1. **핵심 역량에 집중해 주시면 좋겠습니다. 문제 정의, 우선순위, 협력은 시대가 바뀌어도 PM의 근본입니다.**
2. **작은 실행부터 시작해 주시면 좋겠습니다. 지금 가능한 프로젝트와 글쓰기, 사이드 아이디어를 구체적으로 움직여 보시는 것을 권합니다.**
3. **자신만의 길을 설계해 주시면 좋겠습니다. 꼭 실리콘밸리가 아니어도, 여기서 다룬 사고방식과 훈련법은 어디서나 통합니다.**

다시 한 번 이 책을 끝까지 함께해 주신 모든 분들께 진심으로 감사드립니다. 이제는 책장을 덮는 순간이 아니라, 여러분 자신의 길을 여는 첫걸음이 되기를 바랍니다.

연봉 10억을 향하는
실리콘밸리
PM의 길

초판 1쇄 발행 2025. 12. 23.

지은이 박상우
펴낸이 김병호
펴낸곳 주식회사 바른북스

편집진행 이지인
디자인 양헌경
마케팅 송송이 박수진 박하연

등록 2019년 4월 3일 제2019-000040호
주소 서울시 성동구 연무장5길 9-16, 606호 (성수동 2가, 블루스톤타워)
대표전화 070-7857-9719 | **경영지원** 02-3409-9719 | **팩스** 070-7610-9820

•바른북스는 여러분의 다양한 아이디어와 원고 투고를 설레는 마음으로 기다리고 있습니다.

자비출판 투고 barunbooks21@naver.com
홈페이지 www.barunbooks.com | **유튜브** https://www.youtube.com/@Youtube_brTV
인스타그램 https://www.instagram.com/barunbooks7/ | **X(트위터)** https://x.com/barunbooks7
페이스북 facebook.com/barunbooks7 | **틱톡** https://www.tiktok.com/@barunbooks7

ISBN 979-11-7263-733-0 13320